Ursula Häbich

Die Vision lebt weiter

Die Geschichte von zwei jungen Frauen,
deren kurzes, erfülltes Leben,
andere zum Handeln inspirierte.

Ursula Häbich

Die Vision lebt weiter

Die Geschichte von zwei jungen Frauen,
deren kurzes, erfülltes Leben,
andere zum Handeln inspirierte.

Herzlichen Dank!

Ich danke den Familien Stumpp und Grünwald für ihre Offenheit. Sie ließen mich und somit auch den Leser des Buches tief in ihr Leben und Gefühle blicken. Ihre Lebenseinstellung trotz Leid ist vorbildlich und Mut machend.

Ursula Häbich
Die Vision lebt weiter
Die Geschichte von zwei jungen Frauen, deren kurzes, erfülltes Leben, andere zum Handeln inspirierte.

1. Auflage 2013

© Lichtzeichen Verlag GmbH, Lage
Bildmaterial: Privatarchiv, soweit nicht gekennzeichnet
Umschlaggestaltung: Manuela Bähr-Janzen (Foto: Koschel)
Satz: Gerhard Friesen

ISBN: 978-3-869541-0-06
Bestell-Nr.: 548100

„Was wir auch tun,
wir tun es aus der Liebe heraus,
die Christus uns geschenkt hat.“

2 Kor. 5,14 a (Hfa)

Inhalt

VORWORT

Im Sommer 2009 erschütterte das Schicksal von evangelikalen Entwicklungshelfern viele Christen nicht nur in Deutschland. Im Jemen wurden damals am 12. Juni sieben Deutsche, eine Südkoreanerin und ein Brite entführt. Am 15. Juni fand man dann die Leichen von zwei deutschen Bibelschülerinnen und der Südkoreanerin. Vom Briten, vom deutschen Ehepaar Hentschel und seinem kleinen Sohn fehlt bis heute jede Spur. Nur ihre beiden Töchter wurden ein Jahr später – am 17. Mai 2010 – von einer Spezialeinheit aus Saudi-Arabien befreit. Sie leben heute bei Verwandten in ihrer Heimat in der Nähe von Bautzen im Freistaat Sachsen.

In diesem Buch geht es vor allem um das Leben der beiden Schülerinnen der Bibelschule Brake, die in dem vorderasiatischen, streng islamischen Land den ärmsten der Armen helfen wollten und deshalb ein Praktikum in einem staatlichen Krankenhaus in Saada im Norden des Jemen als Pflegehelferinnen absolvierten. Die Geschichte der beiden Frauen – Anita Grünwald (24) und Rita Stumpp (26) – berührt besonders in Europa, wo wir in Frieden und Freiheit leben können. Daran kann man sich gewöhnen und vergessen, dass Christsein – genau wie es Jesus verheißen hat – auch oft in Leid führen kann. Es bedeutet eben nicht – wie es immer wieder manche Bücher aus den USA einzuflüstern versuchen – in erster Linie Glück und Wohlergehen. Im irdischen Leben eines Christen wird nicht immer alles gut und hell. Wenn Christus dazu auffordert, dass wir unser Kreuz auf uns nehmen sollen, dann kann das eben auch Martyrium bedeuten. Jedes Jahr erleiden es Zehntausende Christen – besonders in islamischen, hinduistischen, buddhistischen oder kommunistischen Staaten. Keine religiöse Gruppe auf der Welt wird derart verfolgt wie die Christen.

Wenn Familien nun vom Martyrium eines ihrer Mitglieder betroffen sind, dann stellt sich auch bei ihnen die Frage nach dem Warum. So war es auch bei den Eltern Grünwald und Stumpp aus der Immanuelgemeinde in Wolfsburg. Es sollte nachdenklich stimmen, dass in der Bibel die Frage „Warum?" sehr selten gestellt wird. Stattdessen verbirgt sich hinter dem, was aus dem Hebräischen oft mit „Warum" wiedergegeben wird, eigentlich die Frage „Wozu?". „Warum?" lenkt den Blick auf die Vergangenheit, „Wozu?" auf die Zukunft.

Das Buch kann schon vorläufige Teilantworten geben. So wurde der Vater von Anita Grünewald nach dem Tod seiner Tochter Christ. Dadurch wurde die Ehe ihrer Eltern auf eine ganz neue Basis gestellt. Anitas Vision war es, in einem der ärmsten Staaten Afrikas – in Malawi – ein Heim für Waisenkinder zu gründen. Anita war bereits mehrmals in Malawi und hat sich dort um Waisenkinder gekümmert. Für ihre Eltern erwächst daraus die Verpflichtung, diese Vision wahr werden zu lassen. Mit den vielen Spenden, die zu Anitas und Ritas Begräbnis eingegangen sind, sowie mit Hilfe der Immanuelgemeinde und Helfern aus Deutschland schaffen sie es, dass das Projekt Wirklichkeit wird. Gott geht auf krummen, oft sehr schmerzhaften Wegen gerade. Das zeigt dieses spannend geschriebene, trostreiche wie wegweisende Buch, dem ich nur weite Verbreitung wünschen kann.

Helmut Matthies (Wetzlar),
Leiter der Evangelischen Nachrichtenagentur idea

Die Vision

Kinderlärm! Laufen, spielen, lachen, vor allem lachen. Das Strahlen in Gesichtern, die vorher von Einsamkeit, Hunger und Angst leer und starr waren.

Ein paar kleine Häuser, in denen die Geborgenheit wohnt. Räume, einfache Räume, in denen Heimatlose Schutz, Zuflucht und Ruhe finden.

Eine Feuerstelle, an der das einfache Essen gekocht wird. Hände, die Wunden verbinden und Tränen trocknen.

Bäume, unter denen Kinder und junge Menschen in kleinen Gruppen zusammen sitzen und Menschen bei sich haben, die ihnen ihr Ohr schenken, das den Kummer und Zweifel ihrer Herzen hört und ernst nimmt.

Platz zum Spielen und Toben, wo Kinder, die viel zu früh reif wurden, wieder Kinder sein dürfen.

Ein Ort, an dem die Liebe Gottes, die das eigene Herz erfüllt, an andere weiter gegeben wird.

Ein Ort, der aus Liebe zu Jesus entsteht.

Kapitel 1

Dunkle Junitage

Die Sonne verliert ihren Glanz

Samstag, der 13. Juni 2009.
Ein Sommertag wie im Bilderbuch. Die Leute in Wolfsburg zieht es in ihre Gärten oder zu einer Radtour an den Mittellandkanal.

Rita Grünwald ist mit ihrem Fahrrad in Ehmen unterwegs. An so einem schönen Tag genießt sie ihren Job. Sie ist Postzustellerin. Werbungen, Hochzeitskarten, Traueranzeigen, Rechnungen, Liebesbriefe – sie kennt den Inhalt ihrer Tasche natürlich nicht, weiß aber, dass sie Tag für Tag Freud und Leid in die Häuser trägt. An diesem Sommertag ahnt die Mutter von drei Kindern allerdings noch nicht, dass sie in wenigen Minuten eine Nachricht erreichen wird, die ihr Leben total umkrempelt.

Ihre Gedanken gehen auf die Reise und diese beginnt in Allerbüttel, bei ihr zu Hause. Sie denkt an Jenna, ihre Jüngste, die allerdings auch schon 17 Jahre alt ist. Die Mutter wirft einen Blick auf die Uhr, schmunzelt und vermutet, dass Jenna den schönen Sommertag erst jetzt oder noch später wahrnimmt. Der Samstag ist für sie der Ausschlaftag.

Dann eilen die Gedanken nach Portugal zu Steve, ihrem Sohn. Was wird er an diesem Wochenende machen? Den Tag am Strand verbringen? Ziemlich sicher wird er das tun. Er macht zwar keinen Urlaub, das VW-Werk hat ihn beauftragt, dort in einem Zweigwerk der Firma zu arbeiten. Sie hofft aber, dass er nicht nur arbeitet, sondern auch Zeit findet, um das Land zu entdecken und zu genießen.

Ihre Gedanken ziehen noch weiter weg. Sie fragt sich, wie ein Samstag im Jemen aussehen mag. Ihre Tochter Anita und ihre Nichte Rita Stumpp sind im Jemen. Sie arbeiten für einige Wochen in einem jemenitischen Krankenhaus. Vor ein paar Tagen hat sie noch mit den beiden telefoniert. Die Mädels klangen richtig fröhlich und waren voller neuer Eindrücke. Sie freut sich, dass die beiden diese Erfahrungen machen dürfen.

Die Leute in Ehmen grüßen sie, als sie an ihren Vorgärten vorbei zieht oder zu den Briefkästen eilt. Es kommt ihr vor, als hätte der ganze Ort gute Laune, da macht die Arbeit auch am Samstag Spaß.

Gut, dass Jenna, ihre Jüngste, noch zu Hause ist. Über die Jahre hinweg waren die beiden Großen immer wieder in der weiten Welt unterwegs. Sie unterstützte sie in diesen Vorhaben und gönnte ihnen von Herzen die Erfahrungen im Ausland, dennoch war es auch jedes Mal ein Loslassen, wenn sie die Sachen wieder packten und in die Ferne zogen.

Anita war am meisten unterwegs. Ihrer Ältesten hat es Afrika angetan. Schon einige Male war sie zur Mitarbeit in einem Kinderdorf in Malawi. Im Rahmen ihrer Bibelschulausbildung macht sie nun zusammen mit ihrer Cousine ein Praktikum im Jemen. Der Jemen ist schon was völlig anderes als Portugal oder Malawi, dessen ist sich die Mutter bewusst, sie weiß aber auch, dass die beiden nicht leichtfertig in das Land gereist sind.

Die Reise ihrer Gedanken wird durch das Klingeln ihres Handys unterbrochen.

Ein Blick auf das Display verrät ihr, dass die Freundin ihres Sohnes anruft. Sie steigt vom Fahrrad und nimmt das Gespräch an. „Rita, die Jugendgruppe der Gemeinde hat schon eine Gebetskette gebildet, wir beten für die Mädels", die junge Frau will ihr Mitgefühl ausdrücken und die Mutter ermutigen. Rita Grünwald kann das Gesagte aber nicht einordnen. Warum wollen die jungen Leute eine Gebetskette machen? Was ist so dringlich? Wie soll sie das auch verstehen, sie ist noch völlig ahnungslos. Dann hört sie, zwischen den Häusern, neben ihrem Fahrrad stehend, die Schreckensnachricht.

Die Mutter kann nicht fassen, was sie gehört hat. Es kann nicht wahr sein, es darf einfach nicht wahr sein. Wahrscheinlich ist es ein Gerücht, eine Verwechslung, ein Irrtum. Augenblicklich greift sie mit zittriger Hand nach ihrem Handy und wählt die Nummer von Maria Stumpp, ihrer Schwägerin. Vielleicht weiß Maria etwas, schließlich ist sie auch betroffen, ihre Tochter Rita ist ja mit Anita zusammen im Jemen.

Maria nimmt das Telefon sofort ab. Als Rita die Stimme hört, stockt ihr Herz. Es muss etwas passiert sein. Maria hört sich bedrückt und verstört an.

Stockend und unter Tränen berichtet sie: „Wir hatten einen Anruf von der Bibelschule Brake. Die Mitarbeiterin hat auch bei euch angerufen, aber niemand erreicht." Rita Grünwald merkt, dass der Schwägerin das Reden schwer fällt, trotzdem drängt sie: „Maria, was ist passiert?" Dann hört sie, was sie nicht glauben will: „Seit gestern sind neun Personen, alles Mitarbeiter der Klinik in Saada, in der unsere Mädels arbeiten, verschwunden. Man weiß noch nichts Genaues, aber es deutet vieles auf eine Entführung und Geiselnahme hin. Rita und Anita gehören zu diesen neun vermissten Personen."

Rita Grünwald hält sich am Fahrrad fest, die Nachricht will den Boden unter den Füssen rauben.

Die Schwägerin hat bestätigt, was sie zuvor von der jungen Frau schon erfahren hat. Anita, ihre Tochter, und Rita, ihre Nichte, werden vermisst. Ihre Gedanken überschlagen sich: Im Jemen entführt. Opfer einer Geiselnahme. Geiselnahme! Anita und Rita Geiseln? Nein, das kann nicht wahr sein, das darf nicht wahr sein!

Die Sonne hat ihren Höhepunkt erreicht und strahlt in voller Pracht auf Ehmen herab. Für Rita Grünwald hat sie in diesem Moment jedoch den Glanz verloren. Eine dunkle Wolke der Ungewissheit und Angst hat sich auf ihre Seele gelegt.

Sie will sich nicht in ihre Gefühle und Sorgen hineinsteigern. Warum auch gleich das Schlimmste vermuten? Sie schickt ein Gebet zum Himmel und steigt wieder auf ihr Fahrrad. Pflichtbewusst will sie die Arbeit zu Ende bringen und dann nach Hause fahren.

Das Gehörte breitet sich allerdings mit jeder Sekunde mehr in ihr aus. Die Post in ihrer Tasche wird bleischwer, ihre Konzentration ist dahin. Tausend Fragen gehen ihr durch den Kopf. Sie muss unbedingt Näheres erfahren. Im nächsten Moment drängt sich ein weiterer Gedanke auf: Viktor! Weiß Viktor, ihr Ehemann, schon Bescheid? Wenn er informiert wäre, dann hätte er sie angerufen. Sie muss zu ihm, sie muss ihn informieren.

Wie gut, dass ein Kollege bereit ist einzuspringen und die restliche Post in Ehmen zuzustellen.

Erinnerungen auf einem schweren Weg

Auf dem Weg zu ihrem Mann ziehen die unterschiedlichsten Gedanken durch den Kopf der Mutter. Es sind nicht nur Sorgen, Fragen und Vorstellungen über das Ergehen von Anita und Rita, sondern auch Erinnerungen. Bilder aus den Kindheitstagen tauchen vor ihrem inneren Auge auf.

Anita, ihr kleines Mädchen mit den großen, hübschen Augen, das 1984 geboren ist.

Rita und Viktor waren damals noch sehr jung und zudem noch gar nicht lange in Deutschland. Ihre Heimat ist in Kasachstan, sie und Viktor stammen aus dem gleichen Dorf, man nannte es einfach „Die vierte Abteilung". Rita ist 1980 mit ihren Eltern nach Deutschland gekommen. Als Viktor mit dem Militär fertig war, verließ auch er „Die vierte Abteilung" und kam nach. Seine Verwandten wohnten bereits in Wolfsburg. Dort traf er Rita wieder. Die Liebe zwischen den beiden blühte auf, alles nahm ganz schnell seinen Gang. Anita kündigte sich eigentlich zu früh an, sie war noch nicht geplant. Am 4. Oktober 1984 wurde sie in Wolfsburg geboren. Mit ihren großen Augen, den tief schwarzen Haaren und der samtigen Haut eroberte sie die Herzen der Eltern in der ersten Sekunde. Anita war ein bildhübsches Baby.

Über das Gesicht der Mutter huscht ein Lächeln. Sie erinnert sich daran, wie das hübsche kleine Mädchen zum sturen Trotzköpfchen wurde. Von klein an wusste das Kind sehr genau, was es wollte und setzte es auch durch.

Da rollt auch schon die nächste Erinnerungswelle über sie hinweg: Schon im Kindergarten hatte die Kleine ihre Liebe zu Pferden entdeckt. Die Erzieherin musste ihr immer wieder Pferde auf kleine Zettel malen, diese dekorierten dann das ganze Haus und alle mussten sie bewundern. Als Anita größer wurde, wollte sie natürlich ein eigenes Pferd haben. Dieser Wusch war allerdings nicht zu erfüllen. Welche Gründe die Eltern auch nannten, Anita war damit nicht zufrieden. Wenn es schon kein Pferd sein kann, dann wenigstens eine Katze. Es dauerte nicht lange, da hatten die Grünwalds eine Katze. Das war allerdings nur der Anfang, später kamen ein Hund dazu und irgendwann auch noch Hühner. Anita sorgte für ihren kleinen, privaten Zoo.

Der Traum vom Pferd war mit Katze, Hund und Hühner aber nicht ausgeträumt, er fand in einem Pflegepferd seine Erfüllung. Nun schleppte sie ihre Mutter immer wieder mit in den Secondhandshop, dort erstanden sie Gerte, Bürsten, Helm - alles, was die kleine Reiterin eben brauchte. Der Geruch nach Pferdestall war für Anita Duft.

In dieser Zeit hat sie mit ihrem Vater einen schriftlichen Vertrag abgeschlossen, der beinhaltete, dass sie zum 16. Geburtstag ein eigenes Pferd bekommt. Viktor hatte aber Glück, mit sechzehn hatte sie so viele Interessen, dass für ein eigenes Pferd gar keine Zeit mehr war.

In Anitas Leben spielten aber nicht nur die Tiere eine Rolle. Schon früh merkten ihre Freunde und auch Lehrer, dass das kleine, zierliche Persönchen immer auf Harmonie und Gemeinschaft bedacht war. Sie liebte es, unter Menschen zu sein. Zu den Pferdebildchen kamen irgendwann Kinderbilder, aber erstaunlicherweise waren es lauter schwarze Kinder, die hatten es ihr angetan.

Ja, ihre Anita hatte einen starken Willen. Wenn sie sich etwas vorgenommen hatte, dann blieb sie trotz Hindernissen zielstrebig dran. Das war nicht nur bei den Tieren so und auch nicht nur im Kindesalter. Mit dieser Zielstrebigkeit setzte sie sich für die Kinder in Malawi ein und diese Einstellung brachte sie in den Jemen.

Rita Grünwalds Gedanken gehören in dieser Stunde aber auch ihrer Nichte, die sogar ihren Vornamen trägt. Schon nimmt sie das nächste Bild gefangen:

Ein Mann, der einen kleinen Jungen an der Hand und ein noch jüngeres Kind auf dem Arm hält. Es ist Albert, ihr Bruder. Er sah etwas verloren aus, als wäre er in einer anderen Welt gelandet. So ähnlich war es aber auch. Mit zwei Koffern und etwas Bettzeug kamen sie am 24.12.1985 über Alma-Ata und Moskau aus Kasachstan. Am Flughafen in Frankfurt sah sie Rita, ihre Nichte, zum ersten Mal. Das Bild prägte sich tief in ihr Herz. Zwanzig Monate war das kleine Mädchen alt, das nach ihr genannt war. Rita Grünwald wird diesen Moment ein Leben lang nicht vergessen. Wie sehr hatte sie ihren Bruder Albert vermisst, mit ihm war sie immer durch dick und dünn gegangen, nun war er endlich da. Natürlich hatte sich in ihrer beider Leben viel verändert. Albert hatte zwei Kinder und sie selbst war auch verheiratet und hatte ein kleines Mädchen. Jeder hatte in den zurück liegenden Jahren seine eigenen Erfahrungen gemacht, sie hatten sich viel zu erzählen und dazu war nun Zeit. Sie fuhren vom Flughafen aus zu den Eltern Stumpp. Sie kamen pünktlich an, um miteinander den Heiligenabend zu feiern. Welch ein Weihnachtsgeschenk! Für ihre Eltern war das Geschenk besonders groß, nun waren ihre Kinder alle in Deutschland.

Plötzlich drängt sich mit voller Wucht die Gegenwart in ihre Erinnerungsreise, die Sorge um Anita und Rita. Die Kindertage mit den vielerlei Sorgen scheinen ihr nun so leicht im Gegensatz zu der jetzigen Situation. Wie mag es den beiden gehen? Die Situation ist für die Mutter buchstäblich unvorstellbar. Ihr bleibt nur eine Zuflucht und das ist Gott. Sie lebt schon viele Jahre in bewusster Beziehung zu Gott, deshalb macht sie aus der Sorge ein Gebet: „Du weißt alles, du hast alles in der Hand, auch die Situation unserer Mädchen."

Unserer Mädchen – ja, es sind „ihre Mädchen". Rita, ihre Nichte war ihr sehr nahe. Als die Stumpps nach Deutschland kamen, sind ihr Alberts und Marias Kinder schnell ans Herz gewachsen und umgekehrt war es genauso.

Robert und Rita waren zwei quicklebendige, süße Kinder. Es ist, als würde sie die beiden vor sich sehen, wie sie Hand in Hand miteinander loszogen. Ja, so gingen sie Tag für Tag die Straße entlang zum Kindergarten. Robert war der Beschützer der kleinen Schwester. Die beiden waren früh selbständig, Maria machte ja noch eine Ausbildung zur Kinderkrankenschwester, da war keine Zeit zum Verwöhnen. Geschadet hat das den Zweien aber nicht, im Gegenteil, sie entwickelten eine enge geschwisterliche Verbindung und meisterten miteinander ihren kindlichen Alltag.

Es dauerte nicht lange, da kamen weitere Familienmitglieder. Stumpps bekamen ihre Christin und Rita Grünwald brachte Steve und später ihr drittes Kind, Jenna, zur Welt. Der Name ihrer Jüngsten ruft eine neue Geschichte in ihr wach. Sie heißt Jenna, weil Anita es so wollte. Anita kannte ein Mädchen, das so hieß, und sie fand den Namen so schön, deshalb wollte sie, dass ihre kleine Schwester auch Jenna heißt und weil der Name den Eltern auch gefiel, erhielt die Kleine den Namen Jenna.

Eigenartig, selbst die Mülltonnen am Straßenrand bringt sie mit den Mädels in Verbindung: Anita und Rita hatten ständig Ideen. Eines Tages steckten sie ihre kleinen Schwestern in Mülltonnen, nur die Köpfe der kleinen Damen schauten noch heraus, so zogen sie die Mädchen durch die Straße, alle vier kicherten und kreischten dabei.

Die Cousinen, Anita und Rita, sind wie Schwestern aufgewachsen. Die ganze Kindheit über hingen sie aneinander. Sie waren sehr verschieden und hatten doch viele Gemeinsamkeiten. Rita war immer ein geballtes Energiebündel. Der Sport war ihr Ding. Sie turnte und brachte es bis zur Landesmeisterin. Maria und Albert, die Eltern, dachten gar nicht daran, dass sie es so weit bringen könnte. Die Tochter nützte das für einen cleveren Deal aus: „Wenn ich Landesmeisterin werde, dann kauft ihr mir ein Kaninchen." Die Eltern sagten zu, sie wähnten sich auf der sicheren Seite und waren sicher, dass das Kaninchen keinen Einzug halten würde. Das Turnier kam und am Ende war Rita Stumpp Landesmeisterin und wenige Tage später auch glückliche Besitzerin eines Kaninchens.

Ach ja, diese Mädel, sie sorgten immer für Überraschungen. Aber all das ist lange her. Nun sind sie erwachsen und noch immer sehr verschieden und doch auch ähnlich. Beide verbindet die tiefe Liebe zu Gott und den Menschen. Wenn irgendjemand Hilfe braucht, dann ist Rita zur Stelle, niemals würde sie jemand im Regen stehen lassen. Sie hat ein weites Herz für andere und ist gerne bereit zu vergeben. Rita kann nicht lange nachtragen, sie ist immer bereit, auf Menschen zuzugehen, die klar Schiff wollen.

Anita ist etwas verschlossener, aber zielstrebig und willensstark, dennoch ist sie sehr einfühlsam. Auch sie kann niemand leiden sehen, sie muss sich für Benachteiligte einsetzen, sie kann gar nicht anders. - So sind sie, ihre Mädchen, kein Wunder, dass sie sich die tätige Nächstenliebe auf die Fahnen schrieben und in das Armenhaus Arabiens zogen.

Da ist sie wieder, die Gegenwart, und damit auch die Tatsache, die wie Blei auf der Seele der Mutter liegt. Sie versucht sich zu beruhigen. Es muss ja alles gar nicht so schlimm sein. Im Jemen gab es schon so manche Entführung, mit der irgendwelche Dinge erpresst wurden. Sie erinnert sich an Berichte, wo die Geiseln unversehrt frei kamen.

Nun wird ihr wieder bewusst, wohin sie fährt, was ihre nächste Aufgabe ist. Sie muss zu ihrem Mann, sie muss ihm diese traurige Nachricht überbringen, er darf es nicht von anderen erfahren. Wie wird er reagieren?

Viktor hat es nicht gerne gesehen, dass seine Tochter in dieses arabische Land zog. Was wird die Nachricht bei ihm auslösen? Ihr Herz zieht sich bei dieser Frage zusammen. Sie selbst spürt schon jetzt, dass sie in ihrer Beziehung zu Gott Kraft und Trost findet, aber Viktor hat diese Quelle nicht.

Selbstvorwurf, Vorwurf, Unverständnis

Rita Grünwald fährt zur Baustelle ihres Neffen. Es ist typisch, dass ihr Mann dort mitarbeitet, zum einen ist er sehr praktisch veranlagt, zum andern zieht ihn die Gemeinschaft an. Mit anderen zusammen zu arbeiten und etwas entstehen zu sehen, das ist sein Ding.

Sie waren noch nicht lange verheiratet, da baute er schon ein Haus für seine Familie. Die gesamte Verwandtschaft half mit, aber Viktor hatte das Projekt im Kopf und fest in der Hand. Er hat damals ein schönes Zuhause errichtet. Als die Kinder größer wurden, stellten sie fest, dass sie zum Taxiunternehmen wurden, um die Drei zu ihren Aktivitäten zu bringen. „Wir müssen zentraler wohnen", stellte Rita fest. Für Viktor kein Problem, sondern eine Herausforderung. Er verkaufte das Haus und baute ein großes, so groß, dass seine Mutter auch noch Platz darin fand und diesmal stand das Haus in einer günstigen Wohnlage.

Als Rita am Bauplatz ankommt, ist Viktor voll im Element. Er genießt es, bei dem schönen Wetter mit den andern zusammen zu arbeiten. Ihr Mann ist richtig gut drauf und ahnt nicht, dass seine kleine Welt gleich wie ein Kartenhaus zusammenbrechen wird.

„Hi, Wuzi, was machst du denn hier?", begrüßt er seine Frau mit seinem typischen Lächeln. Als er jedoch Ritas ernste Miene wahrnimmt, erlischt dieses Lächeln schlagartig. Die Sorge, die seit der Abreise der Mädchen tief in ihm sitzt, bricht voll durch. Er zieht gar nicht in Erwägung, dass Ritas Stimmung einen anderen Grund haben könnte. Sofort platzen die Fragen aus ihm heraus: „Was ist? Ist was passiert? Ist was mit Anita? Ist was mit den beiden Mädchen?"

Rita winkt ihn zur Seite. Sie will ihm die Nachricht schonend nahebringen. Aber wie sagt man dem Vater schonend, dass seine Tochter vermisst wird? Während sie um Worte ringt, weicht alle Farbe aus seinem Gesicht. Seine Augen verengen sich, als er die Nachricht hört. Dann findet er nur zwei Sätze: „Ich wusste es. Ich wollte nicht, dass sie dorthin gehen." Aussagen, hinter denen Vorwurf und Selbstvorwurf stehen.

Rita steht ratlos neben ihm. Sie versucht, ihn zu beruhigen, dabei nagt sein Vorwurf auch an ihr. Trotzdem empfindet sie Frieden. Sie weiß, dass die beiden nicht einfach aus Abenteuerlust in den Jemen geflogen sind. Sie taten es für Gott, sie wollten Gott dienen. Rita Grünwald hat das von Anfang an verstanden, deshalb stand sie hinter den beiden. „Warum ausgerechnet der Jemen?", fragt sich Viktor immer wieder. Mit dieser Frage ist er nicht alleine. Schon vor der Abreise erkundigten sich viele andere bei Anita und Rita, warum sie sich dieses Land ausgesucht haben. Manche nahmen sie sogar richtig ins Kreuzverhör.

Die beiden ließen sich aber nicht beirren, sie hatten eine schlichte Antwort: „Weil es dran ist. Gott ruft und deshalb haben wir inneren Frieden über unserer Entscheidung."

Wie kam es zu diesem Entschluss und zu dieser Überzeugung?

Sie studieren an der Bibelschule Brake. Beide sind im dritten Studienjahr, also kurz vor ihrem Abschluss. Die Schule bildet junge Menschen für den Dienst in Gemeinde und Mission aus. Neben theologischen und bibelkundlichen Fächern, werden die jungen Leute auch mit Missionsgesellschaften und Missionaren bekannt gemacht. Woche für Woche sind die unterschiedlichsten Organisationen zu

Gast an der Bibelschule. Hier kommt Weltmission in den Lehrsaal. Berichte über Bibelübersetzung und Gemeindegründung sind genauso vertreten wie die Arbeit unter Waisenkindern, Kranken und Notleidenden.

Im Winter 2008 steht eine deutsche Frau vor der versammelten Schulgemeinschaft. Sie arbeitet schon seit vielen Jahren mit Worldwide Service, einer niederländischen Organisation, im Jemen. Ihr Bericht schildert die Arbeit des Republican Hospital Saada, einer staatlichen Klinik, die von der niederländischen Organisation geführt wird.

Rita und Anita sitzen gebannt auf ihren Stühlen. Die Studierenden um sie herum sind vergessen. In ihnen laufen die unterschiedlichsten Gefühle ab. Was diese einfache und doch so beeindruckende Frau zu erzählen weiß, trifft sie mitten ins Herz.

Die Mitarbeiterin spricht nicht nur über die Klinik, sondern auch über das Land und seine Situation. Der Jemen wird als Armenhaus Arabiens bezeichnet. Die Geschichte des Landes ist, von kurzen Ausnahmen abgesehen, von Armut geprägt. Diese wird von den knappen Wasservorräten und der politischen Instabilität verursacht. Die Mitarbeiter von Worldwide Service dienen den Menschen, sie verteilen weder Schriften noch predigen sie. Sie geben mit praktischer Hilfe die Liebe weiter, die sie von Gott empfangen haben. Wenn ihre Patienten fragen, warum sie in den Jemen gekommen sind und welcher Religion sie angehören, dann bezeugen sie ihren persönlichen Glauben an Jesus Christus. Sie setzen nicht auf große Worte, sondern glauben, dass Gott durch die gelebte Liebe ein Zeugnis errichten kann.

Anita und Rita sind angesprochen. Die Liebe Gottes durch praktische Hilfe weitergeben, das ist ihr Ding.

Die Mitarbeiterin ist schon lange abgereist, aber Rita und Anita können den Bericht und die Not im Jemen nicht vergessen. Sie haben den Eindruck, dass sie dort gebraucht werden und dass sie ihre praktischen Fähigkeiten im Krankenhaus einbringen können. Rita hofft, dort auch Wegweisung und Klarheit über ihren weiteren Weg zu gewinnen. Sie würde so gerne noch Hebamme werden und dann irgendwo auf der Welt mit diesem Beruf Gott dienen. War der Jemen der Ort, um das herauszufinden?

Um Klarheit zu erhalten, beten sie und bitten Freunde und Verwandte, mit für diese Entscheidung zu beten. Über Tage und Wochen hinweg bewegen sie das Vorhaben vor Gott, dann stellt sich innerer Friede und eine tiefe Gewissheit ein. Sie waren bereit, in den Jemen zu gehen, nicht um ihrer selbst willen, sondern um Jesu willen.

Rita Grünwald weiß, wie es zu der Entscheidung kam, und sie kann den Entschluss der jungen Frauen nachvollziehen. Viktor, ihr Mann, kann das nicht. Er hatte seine Tochter und auch seine Nichte immer wieder gewarnt. Warum konnten sie nicht in ein anderes Land reisen? Anita war schon in Malawi im Missionseinsatz, Rita in Kasachstan, das hatte er noch hingenommen. Aber der Jemen – er hatte von Anfang an Bedenken und nun scheint es, als würden sich diese auf schreckliche Weise erfüllen.

Eigentlich hätte er es am besten gefunden, wenn sie in Deutschland geblieben wären. Sie hatten gute Berufe. Rita hätte sofort wieder als Versicherungskauffrau bei der BKK einsteigen können und Anita als Kinderkrankenschwester im Klinikum Wolfsburg. Viktor hat auch nie ein Geheimnis daraus gemacht, dass er sich einen Schwiegersohn wünscht. Immer wieder hat er halb ernst, halb im Scherz nachgehakt, wie es denn aussieht, ob noch niemand in

„Sicht" ist. Er wollte ein geordnetes, sicheres Leben für seine Tochter. Um Jesu Willen in den Jemen – er konnte und kann es nicht verstehen.

Rita und Viktor lieben sich und führen eine harmonische Ehe. Es gibt allerdings einen gravierenden Punkt in ihrem gemeinsamen Leben, hier denken und fühlen sie unterschiedlich. Es ist der Glaube an Jesus Christus.

Viktor streitet die Existenz Gottes nicht ab, hat ihm aber nie einen verbindlichen Platz in seinem Herzen eingeräumt. Seine Frau hat die drei Kinder mit christlichen Maßstäben erzogen und sie mit zur Baptistengemeinde genommen. Alle drei haben bereits eine Entscheidung für ein Leben mit Jesus getroffen und sind Mitglieder der Gemeinde. Der Vater tolerierte es, aber er verstand so manche Lebensweise und Entscheidung seiner Familie nicht.

Diesen Zwiespalt fühlt Rita Grünwald immer wieder und an diesem Samstag, dem 13. Juni 2009, ganz besonders. Sie weiß, dass Albert und Maria miteinander für die Mädchen beten können, wie gerne hätte sie das mit Viktor auch getan.

Sie will ihm die Entscheidung der Mädchen klar machen, sein Verständnis wecken, aber eigentlich hatte Anita das längst versucht. Viktor kann es nicht begreifen, es fehlt ihm einfach das geistliche Verständnis dazu.

An diesem strahlenden Samstag stehen sie einander hilflos gegenüber. Die Dinge des Alltags sind plötzlich unwichtig geworden. Sie tragen eine Not in sich, die jeder auf seine Weise durchzustehen versucht, gemeinsam und doch auch allein. Die Baustelle in ihren Herzen ist viel schwerer zu bearbeiten als die Baustelle am Haus des Neffen.

Informationsflut und Gebetswelle

Die Nachricht von der Entführung im Jemen breitet sich wie ein Lauffeuer aus. Es sind nicht nur Anita und Rita, sondern sieben weitere Personen mit ihnen vermisst.

Unter ihnen ein deutsches Ehepaar, Sabine und Johannes Hentschel mit ihren drei Kindern, sie arbeiteten schon mehrere Jahre in Saada. Eine junge Koreanerin und ein Engländer waren wie Anita und Rita zu einem Kurzeinsatz dort, auch sie sind vermisst.

Am Freitag waren sie zu einem Ausflug aufgebrochen und nicht mehr zurückgekehrt.

In den Nachrichten von Funk, Fernsehen und Internet ist nun das Schicksal der Vermissten im Jemen an die erste Stelle gerückt. Sondersendungen werden ausgestrahlt. Die Berichterstattung ist vage und kontrovers, das macht die Unklarheit der Situation deutlich.

Natürlich verfolgen die Angehörigen in Wolfsburg die Nachrichten auch. Sie suchen Antworten, klärende Neuigkeiten, ein Lebenszeichen, aber all das bleibt aus. Sie müssen die Ungewissheit ertragen, aushalten und dennoch ließ gerade die Ungewissheit immer noch einen Raum für die Hoffnung.

Bei der Bevölkerung und in Kommentaren zu den Nachrichten lösen die Ereignisse auch sehr viel Kritik an Christen, der Bibelschule und der Missionsarbeit allgemein aus. Die Betroffenheit der Menschen sucht sich ein Ventil im Vorwurf. Die Schuld wird sogar bei den Geiseln selbst gesucht. Sie hätten das Sperrgebiet überschritten, hätten sich auf gefährliches Terrain begeben, heißt es. Solche Aussagen bohren sich wie Messerstiche in die ohnehin schon verwundeten Seelen der Angehörigen.

Das ist die negative Seite der Informationswelle. Die andere, die positive Seite, ist die ehrliche Anteilnahme vieler Menschen.

Am Sonntag, den 14. Juni, wird in ungezählten Kirchengemeinden das Schicksal der vermissten angesprochen und als Gebetsanliegen aufgegriffen. Christen, die noch nicht einmal die Namen der vermissten Personen kennen, beten und bringen sie und ihre Angehörigen vor Gott. Hier wird die Einheit der Christen deutlich. Da spielt die Konfession keine Rolle mehr. Christen, Menschen die den Glauben teilen, Gottes Kinder, werden vermisst, sind wahrscheinlich als Geisel festgenommen worden, diese Not überbrückt trennende Gräben und eint im Glauben und im Gebet.

Grünwalds und auch die Stumpps wissen zu dem Zeitpunkt noch nicht, dass sie ein beinahe weltweites Gebetsnetz einhüllt, aber sie spüren die Auswirkung.

Maria, Rita Stumpps Mutter, hat Dienst im Krankenhaus, irgendwie schafft sie es, die Patienten zu versorgen und sich zu konzentrieren.

Rita Grünwald hat Angst, ist verzagt und spürt die Verzweiflung ihrer Familie, gleichzeitig ist ein innerer Friede da, der gar nicht zu der Situation passt. Ein Friede, der nicht aus ihr kommt. Es ist Gottes Antwort auf die vielen Gebete. Albert Stumpp stellt in diesen Stunden der Ungewissheit immer wieder fest: „Wir sind getragen. Gott ist mit uns." Nur so halten sie die Unklarheit der Situation und die verwirrenden Nachrichten der Medien durch.

Ein langer Sonntag

Rein äußerlich ist es ein Sonntag wie jeder andere, für die Angehörigen von Rita und Anita ist jedoch alles anders. Innerlich sind sie im Ausnahmezustand. Rita Grünwald richtet zwar wie jeden Sonntag den Frühstückstisch. Hunger hat allerdings niemand, dennoch will sie an der Familientradition festhalten, sie versucht, dem Leben Normalität zu geben.

Nach dem Frühstück gehen sie, Viktor und Jenna zum Gottesdienst. Dort treffen sie auch die Stumpps und andere Verwandte. Sie fühlen die tiefe Verbundenheit in der Verwandtschaft, dieses Band trägt und tut gut.

Beim Verlassen der Kirche kommen Freunde aus der Gemeinde auf sie zu. Immer wieder hören sie den Satz: „Wir beten für die Mädels und für euch." Einige Freundinnen kommen und nehmen Rita und Maria wortlos in die Arme. Kristin und Jenna finden bei ihren Freunden Trost. Das sind weitere Begegnungen, die ebenfalls gut tun, sie stärken das Bewusstsein, dass sie nicht alleine sind.

Nach dem Gottesdienst fahren alle außer Maria Stumpp zu Grünwalds. Maria hat Dienst im Krankenhaus. Sie weiß nicht wie, aber irgendwie schafft sie es. In der Arbeit findet sie Ablenkung und doch ist die Sorge ihr ständiger Begleiter.

Bei Grünwalds findet der Ausnahmezustand seine Fortsetzung. Beamte des BKA treffen ein. Es ist eigenartig, plötzlich das BKA im Haus zu haben. Bundeskriminalamt! Man sieht und hört diese Beamten manchmal im Fernsehen, wenn sie bei Interviews über die Ermittlung großer Verbrechen befragt werden. Man hört diese Berichte, nimmt sie wahr, ist schockiert, spricht und diskutiert darüber, aber das wirkliche Geschehen ist weit weg.

Bereits am Samstag hat ein Beamter des BKA telefonisch einen Termin mit den Familien festgelegt, nun sind sie da. Vier Beamte sitzen an Grünwalds Tisch. An dem Tisch, an dem Rita und Viktor mit ihren Kindern schon so oft gesessen haben. Es war der Platz, an dem sie Gespräche geführt, geweint, gelacht und gefeiert haben. Nun sitzen sie hier mit den Beamten des BKA und hören von deren Vermutungen, Vorgehensweise und von den bereits getroffenen Maßnahmen. Alles ist so unwirklich und doch ist es wahr. Es ist keine ferne Berichterstattung, kein fiktiver Krimi, das Verbrechen, über das sie reden, betrifft ihre Familie, ihre Mädchen. Immer wieder kommt Rita Grünwald der Gedanke: Das kann alles gar nicht wahr sein.

Inzwischen gibt es vage Vermutungen über die Geschehnisse im Jemen. Jemenitische Passanten bezeugten, dass der Wagen der Deutschen angehalten wurde und dass sich einige Männer hinein gezwängt haben. Man spricht nun mit Sicherheit von einer Entführung.

Entführung – ein Wort, das schreckliche Vorstellungen hervorruft. Wenn die eigene Tochter von der Entführung betroffen ist, dann überschlagen sich die Vorstellungen und sind von Entsetzen und Hilflosigkeit begleitet. Warum? Warum tun Menschen so etwas? Was machen sie mit Anita und Rita, sind sie noch am Leben? – Die Fragen und Gefühle überrollen die Angehörigen.

Die Beamten beruhigen. Sie erinnern an andere Entführungen im Jemen. Vor einigen Jahren hatte es eine deutsche Diplomatenfamilie getroffen. Sie wurden das Opfer einer

Erpressung, nach einigen Tagen wurden sie befreit. Die Entführer hatten ihnen keinen körperlichen Schaden zugefügt. Einer der vier BKA-Beamten hat schon eine Befreiung im Jemen miterlebt und macht den Familien Mut. – In den Angehörigen keimt ein neuer Hoffnungsschimmer auf.

Dann werden die Personalien aufgenommen. Dabei geht es ins Detail: Blutgruppe, Zahnarzt, Hausarzt, Erkennungsmerkmale, alles wird genauestens erfragt und festgehalten. Jeder am Tisch weiß plötzlich: Das ist für den Fall der Identifizierung! Für den Todesfall! – Eine neue Welle der Angst erfasst Eltern und Geschwister.

Gegen Abend gehen die Beamten, zurück bleiben zwei Familien, die nichts tun können außer warten, hoffen und beten.

Als es im Wohnzimmer still wird, schaut Rita auf die Fotos, die von Anita und Rita auf dem Kaminsims stehen. Sie kann die Ereignisse noch nicht fassen. Als sie am Morgen am Frühstückstisch saß, war alles noch so vage. Sie hatte immer noch gehofft, dass es keine Entführung ist und die neun Vermissten irgendwie auftauchen und alles nur ein böser „Spuk" war. Nun ist es klar, ihre Tochter ist entführt worden und sie, die Mutter, kann nichts, gar nichts tun.

Anita und Rita gingen, um zu helfen und nun waren sie in den Händen grausamer Entführer. Was sind das für Menschen, die zu so einer Tat fähig sind? Wie weit gehen sie? Waren die beiden überhaupt noch am Leben?

Es sind Fragen und Sorgen, die sich im Kopf der Mutter überschlagen. Viktor hadert und sorgt auf seine Weise. Neben den Eltern sitzt Jenna, die ihre große Schwester so sehr liebt. Verzweifelt starrt sie vor sich hin. Rita möchte sie trösten und ihr Mut zum Gebet machen, aber wie? Es fehlen ihr selbst Worte zum Gebet und doch weiß sie, dass Jesus ihr Herz kennt und sie versteht.

Stumpps sind in ihrem Haus und fechten dort ihren inneren Kampf aus. Albert zweifelt keinen Moment an der Entscheidung der Mädchen. „Sie gingen für Gott und er ist bei ihnen, was auch geschieht", diese Gewissheit macht ihn innerlich stark.

Jedes Familienmitglied schafft es auf seine Weise, durch diesen Sonntag zu kommen. Rita klammert sich immer wieder an die Worte und Erfahrungen der BKA-Beamten und hofft, dass sie recht behalten. Sie stellt sich vor, wie Anita und Rita zurück kommen und alles wieder gut wird. Dann sucht sie wieder Zuflucht im Gebet und findet erneut Kraft und Frieden.

Plötzlich steht das Leben still

Die Nacht geht vorüber, der Montag bricht an, aber die Dunkelheit der Sorge, der Ungewissheit und der Angst weicht auch mit dem Aufgang der Sonne nicht. Das Leben und der Alltag der beiden Familien gehen zwar weiter, aber was sie auch tun, die Gedanken sind ständig bei den Töchtern.

Rita Grünwald teilt wieder die Post aus und versucht dabei, von möglichst wenig Menschen auf ihre Situation angesprochen zu werden.

Als Jenna von der Schule nach Hause kommt, sucht sie sofort nach neuen Nachrichten aus dem Jemen. Dann stockt ihr Atem. In einem Videotext entdeckt sie das, was bisher niemand zu denken wagte: „Drei Frauen wurden im Jemen tot aufgefunden." Sie schreit entsetzt auf.

Viktor ist zu Hause und eilt sofort zu ihr. Er liest die Schreckensnachricht ebenfalls.

Die Meldung gibt auch die Vermutung preis, dass unter den Toten zwei junge, deutsche Frauen sind. Nun verfolgen sie alle Nachrichten im Internet und am Fernseher. Überall dringt das Gleiche durch. Es wird auch mitgeteilt, dass dem Außenministerium die Benachrichtigung bereits vorliegt, das jemenitische Innenministerium allerdings noch keine Bestätigung erteilt hat.

Vielleicht stimmt es doch nicht. Immerhin ist es noch nicht bestätigt. Worte, die auch nur den geringsten Zweifel an der Schreckensnachricht aufrecht erhalten, werden zu dem berühmten Strohhalm, den Sinkende ergreifen, um noch ein wenig Hoffnung aufrecht zu erhalten.

Rita Grünwald kommt nach Hause. Ehe Viktor und Jenna berichten, fühlt sie die Anspannung und im gleichen Moment überrollt sie die Nachricht. Auch sie will nicht glauben, was sie hört und dann auch mit eigenen Augen liest. Wenn all das stimmen würde, dann hätte sich doch das BKA schon gemeldet. Dieser Gedanke ist wie ein weiterer Strohhalm mitten in der Verzweiflung.

Viktor ist außer sich. Jenna weint.

Er greift zum Telefon und ruft einen der BKA-Beamten, der am Tag zuvor noch bei ihnen war, an. „Wir sind schon auf dem Weg zu Ihnen. Herr Stumpp ist auch verständigt und wird ebenfalls bei Ihnen eintreffen", war die ausweichende Antwort auf die verzweifelte Frage des Vaters.

Da klingelt plötzlich das Telefon. Eine Mitarbeiterin der Hilfsorganisation ist am Apparat. Sie war von einer Mitarbeiterin aus dem Jemen verständigt worden und soll nun die Eltern informieren.

Traurig und stockend erzählt die Frau: „Unsere Mitarbeiterinnen mussten die drei Leichen identifizieren. Auch wenn sie es nicht geschafft haben, in die entstellten Gesichter der Frauen zu schauen, die Kleidung und andere Merkmale bestätigten ihnen jedoch, dass es ihre Mitarbeiterinnen waren. Es handelt sich um Rita, Anita und Jang-Sang aus Südkorea." – Entsetzen! Rita Grünwald hört noch, wie die Frau sagt: „Ihr Pastor, Johann Dokter, ist unterrichtet und schon auf dem Weg zu Ihnen", dann nimmt sie nichts mehr von dem Gespräch wahr. Alle Hoffnung erlischt. Es ist, als hätte man ihr den Boden unter den Füßen weggezogen.

Eine unbeschreibliche Fassungslosigkeit breitet sich mehr und mehr in ihr aus.

Pastor Johann Dokter und zwei Mitarbeiter der Gemeinde treffen ein. Der Schock ist ihnen in die Gesichter geschrieben. Männer, die Woche für Woche auf der Kanzel stehen und Gottes Wort verkünden, stehen sprachlos und trostlos vor den Trauernden. Stumme Umarmungen und schweigendes Dabeisein sind der einzige Trost, den sie in der ersten Stunde weitergeben können.

Stumpps treffen ein. Sie trauern miteinander und können doch nicht glauben und wollen es nicht wahrhaben, dass die schlimmsten Befürchtungen eingetroffen sind.

Dann betreten die BKA-Beamten das Haus. Sie bestätigen, dass drei Frauen tot gefunden wurden. Mit verbundenen Augen lagen sie in einem ausgetrockneten Flussbett, alle drei waren durch einen Kopfschuss getötet worden.

„Wir wissen noch nicht, um wen es sich handelt, ob es wirklich ihre Töchter sind. Sie müssen identifiziert werden", erklärt ihnen die Polizei. Auch wenn die Schwestern vom Hospital das bereits getan haben, die gerichtsmedizinische Untersuchung muss abgewartet werden, dann erst kann der Tod offiziell bestätigt werden.

Der Fall, den man gestern noch nicht wahr haben wollte, ist nun eingetroffen. Die Personalien, die aufgenommen wurden, waren für die amtliche Identifizierung nötig.

Grünwalds und Stumpps brauchen diese Bestätigung eigentlich nicht mehr, sie wissen, dass ihre Töchter nicht mehr auf dieser Erde leben. Die Identifizierung der beiden Schwestern im Jemen ist für sie eigentlich ausreichend.

Was der Verstand allerdings weiß, will das Gefühl nicht akzeptieren. Vielleicht, vielleicht liegt doch ein Irrtum vor. Bekanntlich stirbt die Hoffnung zuletzt. An diesen kleinen Hoffnungsschimmer klammern sich die verzagten Herzen. Dann wird Anitas Tod bestätigt. Ihre besondere Zahnstellung hat eine schnelle Identifizierung ermöglicht. Einige Zeit später erhalten sie die zweite vernichtende Nachricht: Rita Stumpp ist ebenfalls identifiziert.

Die schreckliche Gewissheit gräbt sich schmerzvoll in ihre Herzen. Der allerletzte Hoffnungsschimmer ist nun ausgelöscht.

Am Morgen wollte man dem Tag noch eine gewisse Normalität geben, nun scheint das Leben still zu stehen. Rita und Anita sind tot. In einem ausgetrockneten Flussbett hat man sie aufgefunden. Ermordet! Unfassbar!

Träume, die sie für die jungen Frauen hatten, nehmen ein jähes Ende. Worte, die man sich so gerne noch gesagt hätte, bleiben ungesagt. Die alltäglichen Dinge werden plötzlich unwichtig. Verzweiflung und Trauer breiten sich aus.

Nach dem ersten Schock steigen auch die ersten Fragen hoch: Wer steht hinter diesem Anschlag? Welche Motive trieben die Mörder zu einer Tat, die man ohne weiteres als Hinrichtung bezeichnen kann? Wo ist Familie Hentschel? Auf all diese Details hat noch niemand eine Antwort.

Dann machen sich andere Fragen breit: Warum? Was ist mit den vielen Gebeten? Warum, Gott? Warum hast du das zugelassen? - Auch auf diese Fragen gibt es keine Antwort. Irgendwann treffen die Großeltern ein, Oma und Opa Stumpp. Ein Leben lang haben sie für die Enkelkinder gebetet und sich gewünscht, dass sie den Weg mit Gott gehen und ihm dienen. Wie sehr haben sie sich gefreut, als Anita und Rita zur Bibelschule gingen und sich für andere Menschen einsetzten. Sie empfanden das Leben der beiden auch als eine Erhörung ihrer Gebete. Nun waren sie im Einsatz für Jesus um ihr Leben gekommen. Großvater Stumpp kann genauso wenig wie alle anderen begreifen, was geschehen war. Der Schock überwältigt ihn. Schluchzend sinkt er in sich zusammen.

Rita Grünwald ist dem Zusammenbruch nahe. Ihre Fassungslosigkeit schlägt in Selbstanklage um. „Ich bin schuld. Ich war keine gute Mutter. Ich habe sie nie aufgehalten. Wenn Anita zu Einsätzen ins Ausland wollte, dann habe ich sie noch unterstützt. Ich dachte immer, ich muss sie loslassen."

Ihre Mutter leidet schon seit längerer Zeit an fortschreitender Demenz. Als sie ihre Tochter in ihrer Verzweiflung sieht, geht sie auf sie zu, umarmt sie. Einen Moment lang ist sie völlig klar und gibt sich ihrer trauernden Tochter hin. Die Liebe der eigenen Mutter gibt der verzweifelten Tochter Halt, um den Moment durchzustehen.

Die Angehörigen bleiben alle zusammen, sie trauern, weinen und beten gemeinsam.

Irgendwann hört Rita Grünwald ihren Bruder sagen: „Als ich die beiden Mädchen kurz vor der Abreise in den Jemen zur Bibelschule Brake fuhr, sagte meine Tochter: ‚Wenn mir im Jemen etwas zustößt, dann bin ich nur früher bei Jesus.‘ Die beiden waren sich der Gefahr bewusst, aber sie wussten sich in Jesus geborgen und wir wissen nun, wo sie sind. Sie haben das Ziel erreicht. Sie haben es bei Jesus gut."

Das ist der einzige Trost für die Angehörigen, dass sie wissen, die beiden sind in der Ewigkeit. So sehr sie die Mädels vermissen, dieses Wissen tröstete. Rita und Anita waren nicht fehlerlos, sie hatten Schwachpunkte wie alle Menschen. Beide haben aber, unabhängig voneinander, Jesus Christus ihre Sünden bekannt und ihn als Erlöser angenommen. Er hat ihr Leben verändert und mit neuem Sinn erfüllt. Von diesem Tag an haben sie Jesus geliebt, für ihn gelebt, ihm gedient. Anita und Rita hatten ihren Auftrag erfüllt, nun dürfen sie den sehen, an den sie geglaubt haben.

Entscheidung in dunkler Stunde

Viktor kennt diese Gewissheit über ein Leben nach dem Tod nicht. Die Tatsache, dass Menschen diese Gewissheit haben, ist ihm durchaus bekannt. Von Kindheit an ist er mit dem Glauben und den Wahrheiten der Bibel konfrontiert worden. Er spürt in dieser Stunde, dass dieses Wissen die andern tröstet. Seine Gefühle dagegen befinden sich im freien Fall. Haltlos machen sich Kummer, Vorwurf und Zweifel breit.

Voll Bitterkeit stößt er immer und immer wieder die gleichen Worte hervor: „Warum, warum? Warum ließ ich sie gehen? Warum ließ Gott das zu? Wo ist Gott?"

Rita Grünwald hält diese Fragen und Anklagen nicht mehr aus. Sie wendet sich ihrem Mann zu und erzählt ihm von dem größten Wunsch seiner Tochter: „Anita hat gesagt, dass sie ihr Leben lassen würde, wenn du dafür zu Jesus kommen würdest." Die Worte treffen ihn wie ein einschlagender Blitz und lassen ihn nicht mehr los.

Anita hat oft mit ihm diskutiert. Er wusste schon lange Zeit, dass sie darum gebetet hat, dass auch er ein Leben mit Jesus beginnt. Seine Tochter hatte Jesu Liebe erfahren und mit dieser Liebe diente und liebte sie andere Menschen. Das trieb sie nach Malawi und in den Jemen. Viktor wusste das. Er wusste auch, dass die Nichte, Rita Stumpp, Gott erfahren hatte. Wie sehr hatte sie sich doch verändert. Früher zog sie ruhelos von Party zu Party. Als sie sich Gott hingegeben hatte, bekam ihr Leben eine neue Erfüllung und eine völlig andere Ausrichtung. Diese Nähe Gottes war ihm fremd.

Aber wenn sie doch alles für Gott gaben, Zeit, Kraft und Geld einsetzten, um ihm zu dienen, warum hat er sie nicht beschützt? Diese Frage bricht immer wieder aus ihm heraus.

Die Situation weckt erneut Zweifel und Selbstanklage in seiner Frau. „Ich war keine gute Mutter. Ich ließ sie immer ziehen, ob es Malawi oder der Jemen war. Ich dachte, ich müsse loslassen und habe diese Vorhaben noch unterstützt. Ich bin schuld", jammert sie.

Diese Vorwürfe kann Viktor nicht hören. Er will seiner Frau keine Schuld geben. Tröstend beteuert er ihr, dass sie eine gute Mutter ist. Seine Worte erreichen sie nicht. „Ich kann nicht mehr, lass uns beten", schlägt sie stöhnend vor.

Ohne weitere Aufforderung gehen alle im Wohnzimmer Versammelten auf ihre Knie. Es sind gestammelte Gebete. Gebete, die sich an die Treue und Güte Gottes wenden. Niemand hat auf die Frage „Warum?" eine Antwort, trotzdem wollen sie an Gott festhalten und von ihm Trost und Kraft erbitten.

Plötzlich ist Viktors Stimme zu hören. Er betet! Mühsam gestottert kommen die Worte über seine Lippen. Trotz der Verzweiflung nimmt Rita sein Beten wahr. Viktor wendet sich an Gott! Es ist in dieser finsteren Stunde wie ein kleiner Hoffnungsschimmer.

Kurze Zeit später betet er wieder. Unter Tränen bittet er Jesus, in sein Leben zu kommen. Alle horchen auf. Viktor bittet Gott, dass auch er ewiges Leben bekommt und nach dem Tod dort ist, wo seine Tochter schon jetzt ist. Stammelnd erfleht er Gottes Gnade und Beistand, dann verstummt er.

Dieser kurze Moment ist in dieser emotionalen Dunkelheit wie ein Lichtstrahl vom Himmel.

Bekommt Anitas und Ritas früher Tod dadurch einen Sinn? Wir Menschen möchten einem so grausamen Verbrechen gerne einen Sinn geben, dann wäre das „Warum" geklärt. Aber Gottes Gedanken sind größer, umfassender, für uns nicht zu begreifen. Niemand, noch nicht einmal die nächsten Angehörigen werden auf dieser Welt verstehen, warum die beiden so früh und auf so grausame Weise dem Leben auf dieser Welt entrissen wurden. Den Sinn ihres Todes kennt allein Gott.

Sie sind aber nicht um ihr Leben gekommen, damit Viktor Christ werden konnte. Die Erlösung ist für alle Menschen vollbracht. Der Tat Jesu ist nichts hinzuzufügen, sie genügt. Die Worte, dass seine Tochter es so sehr gewünscht hat, dass sie dafür gestorben wäre, haben ihn wach gerüttelt, aber auf keinen Fall gerettet.

Rita Grünwald und einige andere Verwandte und Freunde, die bei Viktor im Wohnzimmer sind, wissen, es war der sehnliche Wunsch von Anita, dass ihr Vater ein Nachfolger Jesu wird. Jeden Montag hat sie auf ihr Frühstück verzichtet und in dieser Zeit intensiv für ihn gebetet. In der dunkelsten Stunde, die ihre Familie je erlebt hat, erhört Gott Anitas Gebet. Es ist ein Lichtstrahl aus der Ewigkeit, der in diesem Moment in Grünwalds Wohnzimmer aufleuchtet. Gott gab den Hinterbliebenen ein Zeichen seiner Gegenwart und Treue als Trost und Stärkung.

Für Rita erwacht neue Hoffnung. Viele Jahre hat sie sich danach gesehnt, mit ihrem Mann zu beten, geistliche Dinge zu teilen. Nun, wo alles so trostlos scheint, macht ihr Gott dieses Geschenk. Sie vergisst dabei, dass ihr Mann ganz am Anfang seines Glaubenslebens steht, dass er Jesus erst kennenlernen muss, und das in der schwersten Zeit seines Lebens. In einer Lebensphase, in der er Jesus nicht versteht, in der er manchmal sauer auf ihn ist. Viktor lernt es aber, seine Fragen und seine Wut an Gott zu richten, manchmal sogar hinaus zu schreien. Gott hält diese zwiespältigen, fragenden Gefühle des Mannes aus und bleibt geduldig an seiner Seite.

Durchgetragen

Wo Rita Grünwald auch hinschaut, überall sind Spuren ihrer Tochter und Nichte zu finden. In einem Buch steckte ein Kärtchen von ihrer Nichte Rita, Karten waren eines ihrer „Markenzeichen". Ritas Karten waren immer sehr speziell und oft mit einer guten Prise Humor gewürzt. Immer wieder tauchen kleine Karten von ihr auf. Erika, die Schwester von Rita Grünwald und Albert, findet Karten mit der Aufschrift: „An die Chaoten", so haben Anita und Rita die drei Töchter ihrer Tante oft scherzhaft genannt.

Kristin konnte sich nicht mehr persönlich von ihrer Schwester verabschieden, weil sie gerade unterwegs war. In ihrem Zimmer findet sie eine typische „Rita-Karte". Kristin liest die Worte ihrer großen Schwester immer und immer wieder: „Du sollst immer in meinem Herzen bleiben!" Kristin kann nicht fassen, dass dies die letzte Karte ist.

Rita Grünwald hütet auf ihrem Handy die letzte SMS, als wäre es ihr Augapfel. Es ist ein Geburtstagsgruß aus dem Jemen:
„Meine liebste Mam. Alles Liebe von uns zum Geburtstag. Du könntest uns heute Abend anrufen unter... Wir haben nur eine Stunde Zeitunterschied.
Liebe Grüße. Ri & Ani"

Es wird keine neue SMS kommen und nie mehr ein Geburtstagsgruß. Die Endgültigkeit des Todes drängt sich in jeder Erinnerung auf und ist doch noch lange nicht zu fassen.

Wenn sie die Treppe in die erste Etage hinaufgeht, fällt ihr Blick auf Anitas Zimmertür. Es ist ihr, als müsse die Tür aufgehen und Anita mit ihrem strahlenden Lächeln und ihrer sprühenden Energie hervortreten. Der Gedanke, dass sie nie mehr durch dieses Haus schwirrt und ihr Lachen nicht mehr zu hören sein wird, erscheint ihr noch wie ein ungebetener, bedrohlicher Eindringling.

Der Glaube und das Wissen, dass die beiden ewiges Leben haben, tröstet, aber der Abschied schmerzt wie eine Amputation. Traurigkeit, Trauer legen sich lähmend auf die Seele. Das Wort Trauerarbeit gewinnt Bedeutung. Schock, Verlust und Fragen, die noch immer offen sind, fordern die ganze Kraft der Angehörigen. Trotzdem dreht sich alles um sie herum weiter. Sie müssen Formalitäten erfüllen, Gespräche führen, den Haushalt besorgen, eine Beerdigung planen, Gäste empfangen - aber wie?

Plötzlich sind da helfende Hände, die eingreifen und die alltäglichen Pflichten übernehmen. Ohne Absprache kommen Menschen, die ein Auge für die notwendigen praktischen Dinge und ein Gespür für die Kraftlosigkeit der Familien haben.

Das Brummen des Rasenmähers ist zu hören. Es sind Viktors Freunde, sie kümmern sich um den Garten. Dann dringt das vertraute Geräusch des Staubsaugers an ihr Ohr. Einige Frauen aus Gemeinde und Nachbarschaft putzen das Haus, andere waschen die Wäsche. An der Haustür wird Essen abgegeben. Liebe, mitfühlende Menschen nehmen alles ab und schaffen so die Möglichkeit zu trauern.

Diese praktische Hilfe ist von unschätzbarem Wert. Ohne große Worte werden diese Menschen zum Trost und zur Stütze.
Es sind aber nicht nur zupackende Hände, sondern auch gefaltete Hände, die Grünwalds und Stumpps tragen.

Anita und Rita gehörten beide zur Immanuel-Gemeinde, das war ihre geistliche Heimat. Auch dort haben sie eine schmerzliche Lücke hinterlassen. Ihre Freunde können ihren Tod genauso wenig fassen wie ihre Verwandten. Menschen, die sie von Kindertagen an kannten, sind bestürzt. Die Gemeinde trauert mit den Angehörigen, sie fühlt mit und sie betet. Ein Großteil trifft sich zu Gebetsversammlungen. Hier wird verarbeitet, geweint, für die Mädels gedankt und für die Eltern und Geschwister wird Kraft und Frieden erfleht.

Sie haben sich aber auch gegenseitig. Für Rita wäre es unmöglich, diese Tage ohne Maria und Albert und deren Familien durchzustehen. Entweder sind sie alle in Stumpps oder in Grünwalds Haus. Ihre beiden Familien gehören in dieser Zeit zusammen, es ist ihr gemeinsames Leid. Als es Abend wird, ist es für Ritas und Alberts Schwester Erika selbstverständlich, dass sie bleibt. Es werden Matratzen ins Wohnzimmer geschleppt, auf diesem Lager versucht man die Nacht zu überstehen. Die Nähe der vertrauten Menschen tut gut.

In den Tagen vor der Beerdigung reißt der Besucherstrom nicht ab. An einem Tag sind es etwa 100 Menschen, die sich auf den Weg zu den trauernden Familien machen. Es sind Freunde und Verwandte, Arbeitskollegen, Turnerinnen, Trainer - Menschen, die Rita und Anita kannten und andere, die den Eltern nahe stehen. Alle kommen, um mit den Trauernden zu trauern.

Rita Grünwald ist von Kind an gewohnt, unter vielen Menschen zu sein. Viele Jahre war ihr Vater Pastor der Gemeinde, in dieser Zeit war in ihrem Elternhaus ein ständiges Kommen und Gehen. Die vielen Trauergäste sind für sie keine Belastung. Nein, es tut gut, über Anita und Rita zu reden. Das Zusammensein mit teilnehmenden Menschen bewahrt sie davor, in ein tiefes Loch zu stürzen.

Ganz im Hintergrund, ohne viele Worte, sind dutzende von Menschen beschäftigt, die Trauerfeier vorzubereiten. Das ist keine Kleinigkeit. Etwa 2000 Menschen werden von nah und fern erwartet. Alle sollen versorgt werden. Die Stadtwerke Wolfsburg richten einen kostenlosen Busverkehr (sechs Busse) zum Friedhof ein.

Still und verborgen legen Menschen auf ihre Weise und in ihren Möglichkeiten Hand an und erweisen damit Rita und Anita die letzte Ehre.

Die Worte „herzliche Anteilnahme" sind keine Floskel, die Anteilnahme wird gelebt und von den Trauernden tröstend wahrgenommen. In diese Gemeinschaft eingebettet, durchstehen Grünwalds und Stumpps ihre schlimmsten Tage.

Vier Worte — eine starke Botschaft

Müde kommt er zurück. Mit einem Wolfsburger Bestatter ist Albert nach Frankfurt gefahren, um die beiden leblosen Hüllen der so sehr geliebten Mädchen abzuholen.

Vor ein paar Wochen haben sich Stumpps und Grünwalds das noch völlig anders vorgestellt. Sie wollten die Mädchen vom Flughafen abholen, mit ihnen zusammen zu Hause um den Tisch sitzen und ihre Erlebnisse hören. Wie anders kam alles!

Nun beherrscht alle Angehörigen ein Wunsch: Abschied nehmen! Die beiden noch einmal sehen, berühren. Noch einmal in ihre Gesichter schauen. Man möchte in den Gesichtszügen Spuren ihres letzten Erlebens suchen.

Die Schüsse in den Kopf und die pralle Sonne, die auf das Flussbett niederschien, hatten sie zu sehr entstellt. Der Bestatter und die Polizisten raten den Angehörigen ab: „Behaltet sie so in Erinnerung, wie sie ausgereist sind." – Sie befolgen den Rat.

Was sie in Händen halten, sind die paar Habseligkeiten, die aus dem Jemen zurückkommen. Kleider, Schuhe, was eben im Reisegepäck war.

Rita Grünwald entdeckt zwei kleine Gegenstände, die ihr bald zu besonderen Schätzen werden: Anitas Tagebuch und ihren kleinen, schwarzen Kalender aus dem Jahr 2009. Im Tagebuch sind ein Eintrag, verschiedene Notizen und einige arabische Worte. Die Mutter blättert durch den Kalender, in dem sie eigentlich nichts Besonderes erwartet. Was schreibt man schon in einen Kalender? Doch dann macht sie eine bedeutungsvolle Entdeckung.

Am Ausreisedatum, dem 02.06.2009, findet sie neben den Flugdaten vier Worte:

„Aus Liebe zu Jesus!"

Wie gebannt schaut sie auf diese vier kleinen Worte. Aus Liebe zu Jesus, das war das Motiv zum Einsatz im Jemen. Hier steht es schwarz auf weiß! Es war keine Abenteuerlust, keine Manipulation von Menschen, sondern die Liebe zu Jesus, die sie dorthin brachte.

Anitas Kalendereintrag könnte die Kurzfassung eines Zitates von Apostel Paulus sein, er schrieb:

„Was wir auch tun,
wir tun es aus der Liebe heraus,
die Christus uns geschenkt hat."
2. Korinther 5,14a (Hfa)

In diesem Korintherwort wird nicht so sehr unsere Liebe betont, sondern die Liebe Gottes, die wir in seinem Sohn Jesus Christus erleben können. Weil er für uns gestorben ist, finden wir bei ihm Vergebung der Sünden, Versöhnung mit Gott und ewiges Leben. Diese erfahrene Liebe entfacht Gegenliebe, Liebe zu Gott.

Im darauffolgenden Vers finden wir dann eine Beauftragung oder Sinngebung an das Leben derer, die Gottes Liebe erfahren haben.

„...und Christus ist deshalb für alle gestorben,
damit alle, die durch seinen Tod Leben
geschenkt bekamen,

nicht länger für sich selbst leben.
Ihr Leben soll jetzt Christus gehören,
der für sie gestorben und auferstanden ist."
2. Korinther 5,15 (Hfa)

Das war es, was Anita und Rita erlebt und gelebt haben und was sie motivierte, es war die erfahrene Liebe Gottes. Rita Grünwald erinnert sich an das Glaubensleben der beiden jungen Frauen:

Anita kam als Achtjährige von einer Kinderfreizeit zurück. „Ich habe mich bekehrt! Ich bin jetzt ein Kind Gottes!", bezeugte sie zu Hause. Natürlich war sie ganz und gar Kind und doch war die Liebe zu Gott spürbar. In der Pubertät überdenkt sie ihren Glauben und bekennt ihre Hingabe mit der Taufe vor Gott und Menschen. Von diesem Zeitpunkt an war eine Veränderung zu erkennen. Neue Interessen und eine große Liebe zu Gott und Menschen zogen in ihr Leben ein. Ihre Tagebücher bestätigen es. Diese Bücher enthalten viele „Briefe an Gott" – Gebete, die ihre Beziehung zu Gott und ihr Herzensanliegen deutlich machen. Es sind Gebete wie dieses:

„Herr, hier und jetzt möchte ich dir einfach sagen, nimm jeden Teil meines Lebens, jede auch noch so kleine Sorge, nimm es in deine Hand und mache damit, was du für richtig hältst. Ich möchte ein Mensch werden – mit deiner Hilfe – der dich erfreut, der andere erfreut und sein Leben mit dir sinnvoll gestaltet. Danke, dass ich mit deiner Hilfe rechnen darf.
Ich bitte dich von Herzen mir zu zeigen, wo du mich haben willst, ob ich hier einen Dienst tun oder als Missionarin in ein fremdes Land ziehen soll. Mit deiner Hilfe und Kraft ist alles möglich. Hilf mir, jede Entscheidung zu einer Sache des Gebets zu machen.
Ich liebe dich!"

Die Mutter schaut auf das kleine Büchlein in ihrer Hand und auf die vier Worte: „Aus Liebe zu Jesus!" Ja, das war die Antwort, deshalb reiste sie in den Jemen, niemand hätte sie aufhalten können. Sie tat es aus Liebe zu Jesus.

Und Rita, ihre Nichte? Für die Tante gibt es keinen Zweifel. Auch Rita trug diese Liebe zu Jesus in ihrem Herzen.

Anita und Rita waren damals gemeinsam bei der besagten Kinderfreizeit und nicht nur Anita, sondern auch Rita hatte eine Entscheidung für Jesus getroffen. Ganz kindlich hatte sie sich nach Jesus ausgestreckt.

Ihre Teenagerjahre waren turbulent, ganz anders als Anitas Teenagerzeit. Zum einen war da der Sport, der ihr Erfolge brachte und über die deutschen Grenzen hinaus Türen öffnete. Nicht dass dies schlecht gewesen wäre, aber die Prioritäten haben sich in dieser Zeit verschoben. Rita war ein Powergirl. Bei ihr war immer was los. So zog sie schon früh auf Partys. Sie stopfte die Bettdecke aus, dass die Eltern dachten, dass sie im Bett liegen und selig schlafen würde, dabei hatte sie sich aus dem Fenster davongeschlichen.

Später war sie im Beruf erfolgreich. Dennoch blieb sie innerlich leer und sehnte sich nach erfülltem Leben. In dieser Zeit hatte sie Kontakt zu Jugendlichen aus der Gemeinde. Sie diskutierten miteinander und Rita beobachtete sie. Irgendwann machte sie sich wieder auf, ging mit zur Kirche und entschied sich für ein Leben mit Jesus. Es dauerte dann auch gar nicht mehr lange, bis sie sich taufen ließ. Ihr Leben änderte sich radikal. Nun bestimmte Gott ihre Aktivitäten.

Das bedeutet nicht, dass sie fehlerlos war oder keine Kämpfe hatte. Das geht auch aus einem Gebet hervor, das auf einem kleinen Blatt Papier gefunden wurde:

„Ach Herr, es tut mir so leid, dass ich zur Zeit an dir vorbei lebe. Ich will wirklich in deinem Willen leben und das tun, was du willst... Wenn ich den Tag ohne dich lebe, dann habe ich den Eindruck, umsonst zu leben."

Es war Ritas Herzensanliegen, mit Jesus zu leben und durch Jesus immer mehr verändert zu werden.

Ein weiteres Gebet finden wir in ihrem Kasachstan-Reisetagebuch: *„...Hilf mir bitte weise zu sein. Ich will den Menschen deine Liebe weitergeben..."*

Rita Grünwald sah ihre Nichte vor sich: Sprühend und immer für andere unterwegs. Sie half, wo sie nur konnte. Sie hatte ein Herz für Jugendliche und wollte, dass alle die Erfahrung machen, dass Jesu Liebe das Leben verändert und erfüllt.

Für die Tante ist klar, auch wenn sie von Rita keinen Kalendereintrag mit einer solchen Aussage hat, sie war wie Anita aus Liebe zu Jesus in den Jemen gegangen. Nein, Rita und Anita waren nicht nur aus Liebe zu Jesus in den Jemen gegangen, sie lebten aus dieser Liebe und gestalteten ihr Leben mit dieser Liebe.

Nicht nur für Rita Grünwald, auch für Viktor, Maria und Albert und für die Geschwister wird dieser kleine Satz, der aus nur vier Worten besteht, von großer Bedeutung. Er wird nicht nur Trost, sondern schon bald Programm.

In dieser notvollen Zeit sagt Rita Grünwald zu ihrem Gott: „Ich verstehe dich nicht, trotzdem folge ich dir nach, du wirst mich nicht los." Auch sie hatte Gottes Liebe erfahren und aus Liebe zu ihm hält sie trotz allem an ihm fest.

Abschied

Der Strom der Menschen, der sich in das große Gebäude der Immanuel-Gemeinde bewegt, will kein Ende nehmen. Freunde der beiden jungen Frauen und der Familien, das Kollegium und Studierende der Bibelschule Brake, Vertreter der Hilfsorganisation, der Bürgermeister der Stadt Wolfsburg, Mitarbeiter der VW-Werke – Menschen von nah und fern nehmen Abschied von Anita und Rita.

Zwei weiße Särge, mit schönen Garten- und Wiesenblumen geschmückt, stehen neben dem Altar in der großen Kirche. Weiße Särge – die Farbe symbolisiert die Erlösung und das ewige Leben. Ein großes Bild von Rita und Anita steht daneben. Eine Freundin meint: „Ihr Strahlen auf dem Foto ist so natürlich, so voller Leben. Wenn ich in ihre Gesichter schaue, dann kann ich kaum glauben, dass der ganze Horror wahr ist."

Drückende Trauer liegt über der großen Versammlung. Menschen liegen sich weinend in den Armen. Das kleine Orchester spielt leise, beinah verhalten erklingt das erste Musikstück und bringt damit die Besucher wenigstens äußerlich zur Ruhe.

Nach einer kurzen Begrüßung hören die Anwesenden Worte aus dem Römerbrief:

„Denn Ich bin gewiss, dass weder Tod noch Leben,
weder Engel noch Mächte noch Gewalten,
weder Gegenwärtiges noch Zukünftiges,
weder Hohes noch Tiefes
noch eine andere Kreatur
uns scheiden kann von der Liebe Gottes,

die in Christus Jesus ist, unserem Herrn."
Römer 8,38-39 (Luth. `84)

Die Liebe Gottes ist anwesend.

Die Menschen - Eltern, Geschwister, Verwandte und Freunde - sie trauern. Die Trauer gehört zum Abschied. Das Loslassen tut weh! Es schmerzt so sehr, weil die Beziehung zu den beiden gut war, weil man wertvolle Erinnerungen hat und noch nicht begreifen kann und will, dass sich keine neue Erinnerung und Erfahrungen mit den beiden hinzufügen lassen. Es ist so, weil sie uns viel Liebe gaben und schon als junge Menschen zum Vorbild wurden. Dennoch kommt aus allen Ansprachen das Wissen um die Liebe Gottes zum Ausdruck. Die Liebe, die Rita und Anita kannten und in die sie auch nun gehüllt sind. Das schwere Verbrechen, dem sie zum Opfer fielen, kann sie nicht von dieser Liebe trennen.

Ein weiteres Bibelwort, das mit einem Projektor an die Wand reflektiert wird, bestätigt es:

„Ich bin die Auferstehung und das Leben.
Wer an mich glaubt, der wird leben,
auch wenn er stirbt."
Johannes 11,25 (Luth. `84)

Dieses Wissen gibt Kraft und Hoffnung. In dem großen Gemeindehaus herrscht Trauer, aber keine hoffnungslose Trauer, keine Verzweiflung, sondern das Wissen: Sie sind am Ziel.

Vor dem Gebäude der Immanuel-Gemeinde Wolfsburg hängt ein Banner mit einem Foto der beiden jungen Frauen und den Worten: „Wir werden euch immer im Herzen behalten". Wer sie kannte, wird sie nicht vergessen!

Anita & Rita

Zwei Frauen voller Energie und Lebensfreude. Sie sind Cousinen und auch Freundinnen, die sehr verschieden und doch eng verbunden sind. Ihre größte Gemeinsamkeit ist ihre Liebe zu Gott und den Menschen

Rita Stumpp

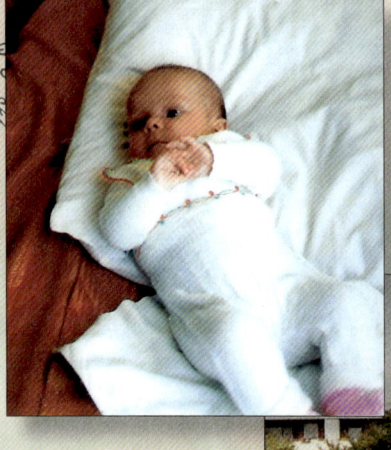

Baby Rita

Rita und ihr Bruder Robert mit ihrer kleinen Schwester Kristin

Fußballerin Rita in der „Herrenliga" (vorne links)

*Die glückliche
Siegerin*

Rita als Turnerin (kniend in der zweiten Reihe links)

Die beiden Mädels in der Teenagerzeit — sie sind mehr als nur Cousinen.

Rita, fröhlich, chic und doch natürlich und gerne bereit mit Freunden zu feiern.

Rita mit ihren Geschwistern und den Großeltern Stumpp beim 80. Geburtstag des Opa.

*Während der Bibelschul-
zeit war sie in der Kinder
– und Jugendarbeit tätig*

*Die beiden Mädchen im
Jahr 2008 in Brake*

*Rita schreibt die letzte
Hausarbeit für die
Bibelschule Brake.*

*Das letzte Familienbild
im Mai 2009*

*(v. links Robert mit seiner jetzigen Frau Julia,
Kristin, Maria und Albert, Rita)*

Anita Grünwald

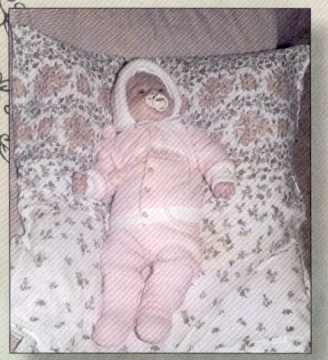

Baby Anita

Anita und Cousine Rita —
ein Herz und eine Seele

Anita, die Freundin der Tiere

Sport begeistert und immer gerne mit Freunden unterwegs.
(Anita, 3. von rechts)

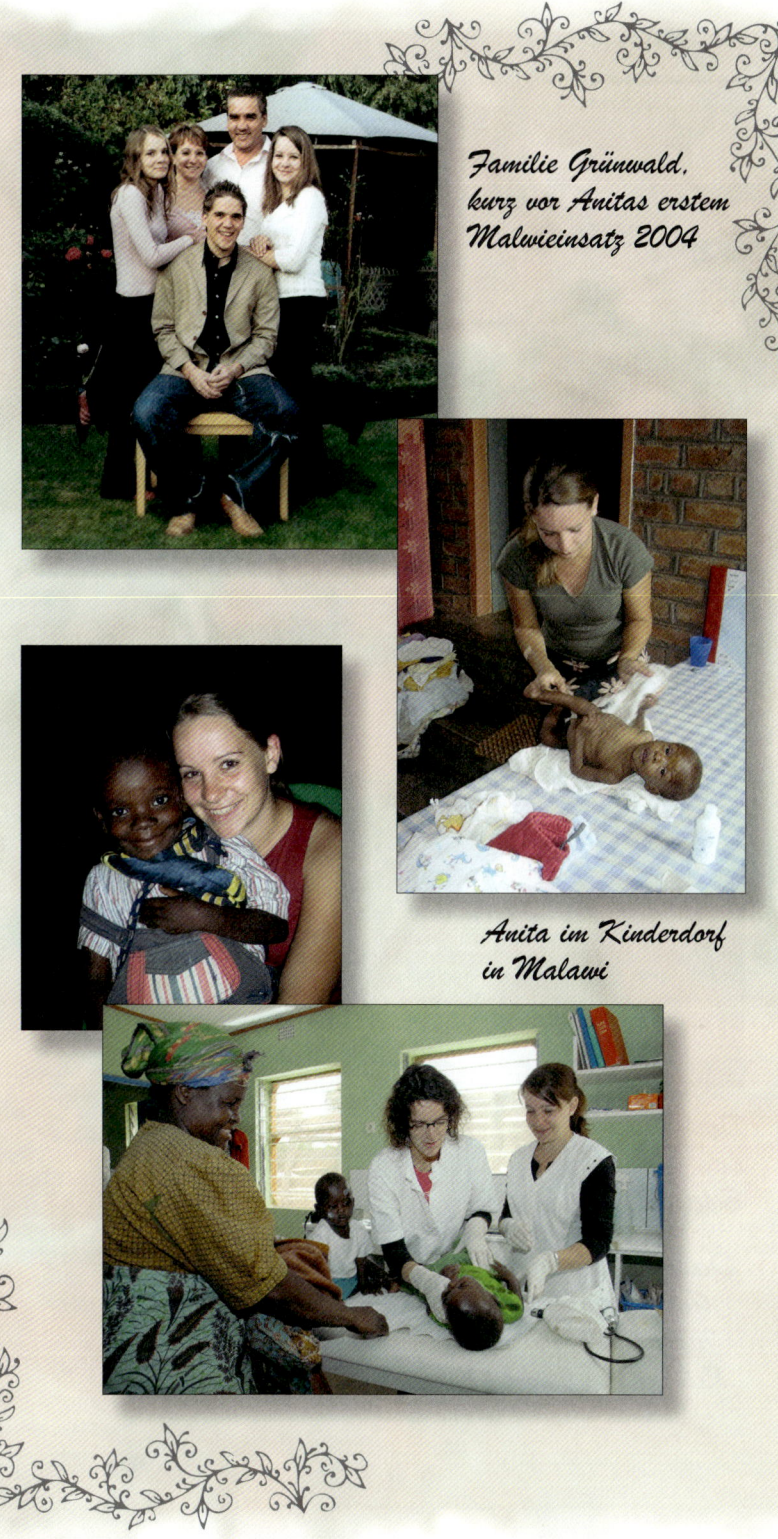

Familie Grünwald,
kurz vor Anitas erstem
Malwieinsatz 2004

Anita im Kinderdorf
in Malawi

Frisch examinierte Kinderkrankenschwestern im Klinikum Wolfsburg. (Anita vorne rechts)

Anita mit ihrer Freundin Anika, mit der sie so oft von einem Waisenhaus träumte.

Der Malawi – Gebetskreis an der Bibelschule Brake

Die drei Grünwald-Geschwister wenige Monate vor Anitas Reise in den Jemen.

Aufwiedersehen Anita & Rita

Abschied von Albert Stumpp am 01.06.2009

Zwei Tage vor dem Abflug in den Jemen
mit Freunden in Brake

Ritas und Anitas letzte Station auf dieser
Erde: Die Stadt Saada im Jemen

Rita und Anita,
Ihr werdet immer in unseren Herzen bleiben.

Kapitel 2

Leben mit der Trauer

Sehnsucht und nagende Fragen

Ein kleiner Laptop wird für Viktor Grünwald zum Ort der Erinnerung. Immer wieder holt er sich den kleinen Computer seiner Tochter. Wenn er ihre Aufzeichnungen liest, fühlt er sich ihr nahe.

Ganz besonders berühren ihn die vielen Fotos aus Malawi. Anita, umringt von schwarzen Kindern, manchmal hält sie so einen kleinen schwarzen Schatz in ihren Armen. Auf diesen Fotos strahlt seine Tochter. Seine Frau setzt sich zu ihm und auch ihre Augen haften an den Fotos. „Umgeben von lauter kleinen Schätzen", murmelt sie vor sich hin. Ihr Mann schaut sie fragend an. „Anita hat uns mal in einer Email aus Malawi geschrieben und es auch ein paarmal gesagt, dass sie von lauter kleinen Schätzen umgeben ist", erklärt sie.

Es tut gut, miteinander und auch mit anderen über die Mädels zu sprechen. Die Erinnerungen, die sie austauschen, sind wie wertvolle Juwelen, die den Eltern und allen anderen Angehörigen geblieben sind.

Rita Grünwald spricht auch immer wieder gerne mit ihrer Schwägerin. Maria erinnert sich oft an den Abschied von ihrer Tochter Rita. „Wir standen im Hauseingang, Antje, Ritas Freundin, war noch mit dem kleinen Sohn da. Rita nahm mich ganz fest in den Arm, dann ging sie wieder zu Antje und dem Kleinen und dann hielt sie mich wieder fest. Albert drängelte schon, es war Zeit zum Fahren", erzählt sie und manchmal fügt sie seufzend an: „Ach, hätte ich sie doch hier behalten..." Dann schüttelt Rita Grünwald den Kopf und versichert ihr „Das hätten wir nicht gekonnt, weil sie sich von Gott gerufen wussten." Maria antwortet seufzend: „Genau das sagt Albert auch."

Sie erzählen sich und sie weinen auch miteinander. Auch wenn Maria bestimmt etwas anders trauert und verarbeitet als Rita Grünwald, hier findet sie Verständnis, sie spürt den schweren Klang der Seele, den sie auch bei sich wahrnimmt. Irgendwann ist dann der Tag da, wo sich ein zaghaftes, beinahe verlegenes Lächeln auf ihre Gesichter schleicht. Ein Zeichen, dass das Leben ganz langsam und mit vielen Stagnationen und Rückschritten weitergeht.

Anitas Mutter vertieft sich oft in die Tagebücher ihrer Tochter. Allein die Handschrift ihres Mädchens zu sehen, bringt sie ihr näher, es ist noch ein Stück ‚Original-Anita'. Diese Erinnerungen tun gut, oftmals schüren sie die Sehnsucht aber noch mehr und sie lodert wie eine heiße Flamme in ihrer Seele und dennoch sind diese Zeiten wertvoll.

Ein kleines Buch holt sie immer und immer wieder hervor. Nur wenige Seiten tragen die Handschrift der Tochter, die meisten Seiten sind leer. Es ist Anitas Jemen-Tagebuch.

Das Büchlein ist auf eigenartige Weise beschrieben. Es beginnt mit einem ‚kleinen Arabisch-Kurs'. Das heißt, sie hat die wichtigsten Worte aufgeschrieben:
Ja = eiwa
Nein: la
usw.

Die Mutter streicht mit dem Daumen über die Worte und denkt: So war sie, meine Anita, sie musste immer vorbereitet sein, um wenigstens ein wenig mit den Menschen reden zu können. Sie konnte sich gut vorstellen, dass sie mit ihrer Cousine die schwere, fremde Sprache geübt hat. Rita

Stumpp war genauso. Als sie, ein Jahr zuvor, nach Kasachstan reiste, hat sie russisch gelernt. Auch sie wollte mit den Menschen kommunizieren, wo immer sie hinkam.

Die Mutter reißt sich von ihren Gedanken los und wirft einen Blick auf den nächsten Eintrag. Plötzlich fällt ein kleiner Zettel aus einer der letzten Seiten des Buches. Sie lässt die vielen leeren Seiten durch ihre Finger gleiten und stellt fest, dass das Büchlein auch auf den letzten Seiten beschrieben ist. Dort entdeckt sie eine lange Aufzählung, die einer Selbstbeschreibung gleichkommt. Ohne jeden Kommentar ‚zeichnet' Anita hier ein letztes Bild von sich selbst. „Ich bin:

✓ Tochter
✓ Schwester
✓ Freundin
✓ Gebetspartnerin
✓ Christin
✓ Joggerin
✓ Kartenschreiberin
✓ Gesellschaftsliebend, aber auch Zeit alleine liebend
✓ Kaffeetrinkerin
✓ Gemüse- und Obstliebhaberin
✓ Klassenkameradin
✓ Nichte
✓ Enkelin
✓ Cousine
✓ Innenausstatterin & Bastlerin
✓ Ein gutes Vorbild sein wollend

Rita Grünwald weiß nicht, warum Anita diese Liste schrieb. Eines ist allerdings sicher, sie hat heute mehr Bedeutung als Anita ihr beim Schreiben zugemessen hat. Die Mutter entdeckt die Tochter in dieser Beschreibung. Viele andere Menschen werden aber auch sich selbst darin erkennen.

Sie nennt sich Tochter, Schwester, Freundin... Als sie das schrieb, dachte sie an die Menschen, denen sie Tochter, Schwester, Freundin usw. war. Sie alle spielten eine Rolle in ihrem Leben, hatten einen Platz in ihrem Herzen, in dem Herzen, das so viel Liebe für die Menschen hatte.

Plötzlich fällt ihr die knallgrüne Karte auf ihrem Schoß auf. Mit großen Buchstaben steht darauf:

> *JESUS lebt!*
> *Lukas 24,2*
> *Frohe Ostern*
> *Corina*

Ostern ist lange vorbei, als Anita die Reise in den Jemen antritt, aber der kleine knallgrüne Zettel reist mit. Vielleicht zufällig und dennoch ist er aussagekräftig und absolut bedeutungsvoll: Jesus lebt! Er war die ganze Zeit bei Anita und Rita, auch wenn wir es kaum begreifen können. Ob sie in den schweren Stunden an den Zettel dachte oder nicht, das ist unwichtig. Was zählt, ist die Tatsache, dass der Auferstandene bei ihr und Rita war. Weil er lebt, entgeht ihm nichts, er ist im dunklen Tal dabei. Weil er lebt, dürfen die beiden leben, auch wenn ihre äußeren Hüllen tot sind. Sie leben und das mit ihm vereint. Die Tatsache, dass Jesus lebt und auch im jemenitischen Wadi dabei war, gibt der Mutter Kraft und Frieden weiterzuleben.

Nun steckt sie den knallgrünen Zettel wieder an seinen Platz und blättert zurück auf die zweite Seite. Der Eintrag enthält kein Datum, nur eine Überschrift:

Eindrücke
(Originaltext aus Anitas Jemen-Tagebuch)

„Flughafen Kairo – wir waren die Einzigen, die etwas Farbe an sich hatten und fast die Einzigen, deren Gesicht zu sehen war. Die komischen Blicke der Menschen, als sie sahen, dass wir uns in ihre Reihe stellen und doch tatsächlich mit in den Jemen wollen – das war echt interessant.

Im Jemen angekommen, haben wir auch unsere Schals herausgeholt und unsere Haare bedeckt – ein komisches Gefühl war das.

Alles hat wunderbar geklappt →Visa, Gepäck, das Abholen von Godesa... Danke, Gott!

Zwei Tage haben wir im Gästehaus in Sanaa verbracht. Da konnten wir uns ausruhen, ausschlafen und unseren ersten Spaziergang über einen jemenitischen Markt machen. Die vollkommen verschleierten Frauen sind für mich sehr gewöhnungsbedürftig. Alle sehen so gleich aus, man sieht keine Individualität.

Mit diesem schwarzen Schleier haben wir uns dann auch auf den Weg nach Saada gemacht, wo wir zwei Monate verbringen werden. Wir kamen uns erstaunlich sicher vor hinter dem schwarzen Vorhang. Auf dem Weg haben wir unsere erste jemenitische Mahlzeit gegessen. Es war lecker, aber essen mit den Fingern will gelernt sein. ☺

Vorbei an schönen Landschaften, Bergen, viel trockenem Land, kaputten Häusern, zerbrochenen Städten usw., kamen wir nass geschwitzt in Saada an.

Wir haben hier eine ganz tolle Wohnung. Jeder ein eigenes Zimmer, eine Küche, ein Wohnzimmer, eine fast open-air-Dusche. Vielen Dank, Herr, für die Segnungen!

Hier angekommen, hatten wir einen schönen Abend mit den Single-Ladies. Ein leckeres Abendessen und schöne Gemeinschaft.

Ja, wir sind hier im Jemen!
Ich werde, glaub ich, so einige Zeit brauchen, um hier anzukommen. Meine Freude ist, dass die Gewissheit da ist, in den Jemen zu kommen.
Gott, ich möchte dich ehren, bitte lass mich ein brauchbares Gefäß für dich sein, obwohl ich mich so schwach fühle, du bist meine Stärke.
Heute waren wir im Frauengefängnis. Ein ganz kleines Baby ist im Gefängnis geboren. Dann war da noch ein kleiner Junge. Das kann einem das Herz zerreißen, wenn man so etwas sieht. Bitte, Herr, segne diese zwei Mäuschen.
Habe grad einen leckeren Salat gegessen – mhh.
Bitte Herr, lass mich Antworten auf meine Fragen bekommen – ich bin so orientierungslos, mein Herr, ich brauche dich.

Weitere Eindrücke:

Bei Sabine (Hentschel) gewesen. Ihre Kinder kennengelernt, mit ihnen jemenitische Hochzeit gespielt.
Gestern haben wir Medikamente gezählt und eingeschweißt – ungefähr 14 000 Stück. Das war eine schöne Arbeit."

Rita Grünwald klappt das kleine Buch zu. Dann blättert sie wieder darin und wünscht sich, dass doch noch einige Seiten beschrieben wären. Sie möchte so gerne noch mehr wissen. Vor allem über die letzten Tage und Stunden ihrer Tochter und Nichte. Da sind so viele Fragen, so viele Unklarheiten über das Leben dort in Saada und auch die Frage, warum sie zum Ausflug aufgebrochen sind, ob sie sich in einem Sperrgebiet aufgehalten haben. Fragen über Fragen kreisen in ihrem Kopf.

Oft spricht sie mit Viktor darüber, aber er hat die gleichen Fragen und ebenso wenig Antworten wie sie. Maria Stumpp geht es genauso. Albert kann die Unklarheiten am besten stehen lassen, Gott weiß um alles, sagte er und das reicht ihm aus.

Rita weiß, dass sie das Geschehene nie ganz verstehen wird, zumindest nicht solange sie hier auf dieser Erde lebt. In der Ewigkeit, da wird sie begreifen, verstehen, staunen, weil sie dann mit neuen Sinnen die Pläne und Gedanken Gottes verstehen kann. Da ist allerdings auch ein großes ABER – ich möchte aber zumindest so viel Antwort, dass ich ein wenig besser weiter leben kann. Ein klein wenig mehr wissen über die Geschehnisse im Jemen.

Die Mutter ahnt noch nicht, dass Gott ihr diesen Wunsch, ‚ein wenig mehr wissen‘, bald genehmigt.

Besondere Gäste

Maria Stumpp sagt nachdenklich und auch etwas zögernd: „Wir können das Treffen bei uns machen." Die Zurückhaltung liegt deutlich in ihrer Stimme. Rita Grünwald geht es genauso. Sie empfangen beide sehr gerne Gäste und das Bewirten macht ihnen Freude, hier hindert sie allerdings etwas.

Nein, es ist nicht die Arbeit. Drei Menschen aufzunehmen, ist für die gestandenen Hausfrauen ein Klacks. Terminschwierigkeiten sind es auch nicht. Die drei Menschen, die sich angemeldet haben, sind ihnen fremd, aber auch das ist nicht der Hauptgrund für ihre innere Zurückhaltung. Die drei Frauen sind Mitarbeiterinnen des Hospitals im Jemen. Hier liegt die Blockade.

Weder Rita noch Maria wissen, wie diese Menschen über den Einsatz von Anita und Rita im Jemen denken. In den Medien und auch von einzelnen Personen wird immer wieder Kritik laut, dass zwei so junge und unerfahrene Frauen in dieses islamische Land gegangen sind. Denken die drei Frauen im Nachhinein auch so? Außer dieser Befürchtung ist da eine innere Angst vor dem, was die Gäste berichten werden und vor ihrer eigenen Reaktion. Tief in ihrem Herzen weiß Rita Grünwald, dass es die Angst vor neuem Schmerz ist.

Dennoch sind die Gefühle gemischt, sie könnten kaum gegensätzlicher sein. Neben all den Befürchtungen sind nämlich noch die vielen unbeantworteten Fragen, die nach Antwort verlangen. Die Mitarbeiterinnen aus dem Krankenhaus in Saada könnten sicher so manche Antwort geben. Wenn Rita ehrlich ist, dann ist da außer der Angst noch ein anderes Gefühl, nämlich Sehnsucht. Eine unsichere Sehnsucht, die Menschen kennenzulernen, mit denen die beiden zuletzt zusammen waren.

Erika, die Schwester von Rita und Albert, ist eine feinfühlige Frau. Sie spürt mal wieder, was in den beiden vorgeht. Sie ist allerdings nicht nur empfindsam, sie ist auch eine Frau der Tat. „Ladet die Missionare aus dem Jemen zu uns ein", schlägt sie vor und bringt auch gleich treffende Argumente: „Unser Haus ist sozusagen ein neutraler Ort, unser Wohnzimmer ist groß und ich stehe als neutrale Person zwischen euch und den Gästen. Außerdem stehen bei uns weniger Bilder von den beiden, das hilft, nicht zu emotional zu werden. Ich bewirte euch und ihr lernt die Leute kennen."

Das hört sich gut an und genauso wird es gemacht.

Die Anspannung herrscht aber nicht nur bei Grünwalds und Stumpps. Die Befürchtungen und Zweifel der drei Mitarbeiterinnen sind mindestens genauso groß. Auch sie haben ihre Erinnerungen. Sie kannten Anita und Rita zwar nur kurze Zeit, die Beziehung und Bindung zu den beiden war natürlich völlig anders als bei den Familien. Dennoch ging ihnen die ganze Tragödie mehr als nur unter die Haut. Die drei Frauen waren und sind ebenfalls Mitbetroffene. Sie haben das bange Warten am Entführungstag durchgestanden, mussten die jungen Frauen identifizieren. Die Geiselnahme und Ermordung der beiden Deutschen und der Koreanerin veränderte ihr Leben auf drastische Weise. Sie hatten die Menschen im Jemen lieb gewonnen und schätzen gelernt. Unzählige Geburten haben sie begleitet und noch mehr Kranke versorgt. Dort am Krankenhaus haben sie Bürgerkriege und Drogenkriege durchgestanden und viele Wunden verbunden. Bei ihren Patienten ging es ihnen nie um die Herkunft der Menschen, für sie waren alle gleich. Es waren Menschen, die ihre und Gottes Liebe brauchten. Die Jemeniten waren für sie keine Fremden geblieben, sie sahen in ihnen nicht die bedrohlichen Moslime, wie es im Westen oftmals der Fall ist. Sie liebten das Land und seine Leute. Der Vorfall im Juni 2009 setzte ihrer Lebensaufgabe ein jähes Ende. Ein Großteil des internationalen Teams musste sofort das Land verlassen. Auch auf ihren Seelen liegt die Last des Traumas.

Nun sitzen Frauke, Rose und Esther, die Mitarbeiterinnen aus dem Krankenhaus in Saada, in Erikas Wohnzimmer. Die Situation ist für beide Seiten schwer und das ist zu spüren. Die Atmosphäre ist drückend.

Irgendwann bricht es aus einer der drei Frauen heraus: „Wir fühlen uns euch gegenüber schuldig." Esther nickt bestätigend. Sie war es, die den Bericht in Brake gegeben hat. Nun ist sie froh, dass ihre Kollegin das heikle Thema angesprochen hat und fügt mit trauriger und aufgewühlter Stimme hinzu: „Ich wollte sie in Brake nicht manipulieren, ganz bestimmt nicht. Ich habe meinen Bericht gegeben und es Gott überlassen, ob er jemand zu uns in den Jemen ruft. Nun quälen mich Schuldgefühle."

Die Ehrlichkeit der Frauen hat den Bann gebrochen. Jetzt ergreifen die Eltern das Wort. Albert, der nie an der Berufung der beiden gezweifelt hat, weiß, dass er diese Frauen trösten muss: „Ihr habt keine Schuld und deshalb braucht ihr euch auch keine Vorwürfe zu machen. Gott hat sie gerufen, deshalb gingen sie." Viktor Grünwald bestätigt: „Sie gingen aus freien Stücken, niemand konnte sie aufhalten." In den beiden Müttern ist nun viel Mitgefühl für die drei Frauen, die so aufopfernd im Jemen gedient haben. Unter Tränen beteuern auch sie ihnen, dass sie absolut keine Schuld haben.

Das erste Eis ist gebrochen. Die Stimmung ist verständlicherweise noch immer bedrückt, gleichzeitig breitet sich aber auch eine respektvolle und verstehende Verbindung wie ein unsichtbares Band aus.

Schon bei der ersten Begegnung wird klar, was diese Frauen mit Anita und Rita gemeinsam haben: die Liebe zu Jesus! Auch sie haben die Heimat verlassen. Sie waren nicht nur zu kurzen Einsätzen unterwegs, sondern haben über Jahre hinweg auf viele Annehmlichkeiten verzichtet. Sie dienten den Menschen und somit Gott. Aus Liebe zu Jesus übten sie in tätiger Nächstenliebe ihre Berufe aus.

Da sind aber immer noch so viele Fragen, die sie schon lange mit sich herumschleppen. Ganz vorsichtig beginnen die Angehörigen diese zu stellen: „Warum war die Gruppe in diesem Sperrgebiet? Waren sie leichtsinnig? Haben sie gegen alle Verbote vielleicht doch missioniert? Hätten sie den Ausflug gar nicht machen sollen?" Sie stellen die Fragen, die ihnen teilweise auch von der Gesellschaft und den Medien aufgebürdet wurden.

Frauke, Esther und Rose waren viele Jahre dort in Saada, sie kennen sich aus, von ihnen erwarten die Angehörigen eine ehrliche, objektive Einschätzung.

Alle drei schütteln die Köpfe und berichten, dass die Gruppe nicht in das Sperrgebiet gefahren ist. Augenzeugen haben berichtet, dass das Auto an anderer Stelle angehalten wurde. Sie wurden also entführt und dann erst zu diesem Gebiet gebracht.

„War es überhaupt richtig, einen Ausflug zu machen?", eine quälende Frage, die Maria Stumpp oft bewegt. Sie war während einem Telefonat von ihrer Tochter über diesen

Ausflug informiert und hatte nur gesagt, dass sie vorsichtig sein soll. Immer wieder denkt sie, dass sie die Tochter eindringlicher hätte warnen sollen.

Nun erzählen die Frauen, dass alle Sicherheitsbestimmungen eingehalten wurden. Frauke hat an dem Tag ebenfalls einen Ausflug gemacht. Die Freunde, die sie besucht hat, wohnen gar nicht weit von dem Ort der Entführung entfernt. Wenn die neun Entführten leichtsinnig gewesen wären, dann würde dieser Vorwurf auch ihr gelten. In all den Jahren ihres Jemenaufenthaltes haben die Mitarbeiter viele Ausflüge gemacht, das mussten sie, um Abstand zur Arbeit zu gewinnen und um neue Kraft zu sammeln. Die Gruppe mit Rita und Anita war nicht leichtsinnig. Johannes Hentschel war ortskundig und immer vorsichtig, außerdem hatte er seine drei Kinder dabei, niemals hätte er sie in Gefahr gebracht.

An irgendeiner Stelle kommt das Gespräch auch an einen anderen Punkt: Wer sind die Täter?

Viktor Grünwald überrollen die Gefühle: „Wenn ich wüsste, wer es war, ich würde sie fragen, warum sie das taten. Die Mädels kamen in das Land, das Hilfe bitter nötig hat, sie wollten helfen und mussten ihr Leben lassen."

Den Krankenhausmitarbeiterinnen ist die Ratlosigkeit ins Gesicht geschrieben. Hilflos Schulter zuckend antworten sie: „Wir wissen es nicht. Niemand weiß, wer hinter dieser schrecklichen Tat steht. Es gab und gibt viele Vermutungen. Allerdings zeigt schon das Wort „viele", wie vage diese Vermutungen sind. Mal gingen die Spekulanten zu den radikalen Islamisten, dann zu den Terroristen, zeitweise legte sich der Verdacht auf die Drogenszene, aber keine dieser Annahmen bestätigte sich. Natürlich können auch politische Motive eine Rolle spielen. Nach der Entführung mussten alle ausländischen Mitarbeiter der Klinik die Stadt Saada verlassen. Wollte man sie abschrecken, loswerden? Auch hierfür gibt es keine endgültige Bestätigung.

Die Frage nach den Tätern bleibt.

Die Angehörigen werden immer wieder gefragt, ob sie den Mördern gegenüber Hass empfinden. Rita sagt: „Wie kann ich hassen, wenn ich nicht weiß, wer es war. Ich kann aber auch nicht wirklich vergeben, weil ich keine ‚Adresse' habe und die Motive nicht kenne. Die drei Frauen verstehen diese Auseinandersetzung. Auch sie müssen für sich einen Weg finden, wie sie mit diesen Fragen und Gefühlen umgehen.

Von den Mitarbeiterinnen und einige Zeit später von einem holländischen Arztehepaar erfahren sie, dass auch jemenitische Mitarbeiter und Freunde der Klinik unter der Tat leiden und sich für die unbekannten Täter schämen. Menschen haben sogar vor der Klinik demonstriert, damit haben sie dem ausländischen Klinikpersonal gegenüber Solidarität bewiesen.

Die Zeit in Erikas Haus verstreicht, es wird vieles erzählt, aber auch gemeinsam geschwiegen und geweint. Das Treffen, das alle so gefürchtet hatten, wird zu einer guten und nicht zu einer einmaligen Begegnung.

Die Menschen, bei denen Rita und Anita die letzten Tage ihres Lebens verbrachten, sind für die Angehörigen wertvoll. Natürlich berühren die Gespräche mit ihnen auch ihre Wunden, aber auch das trägt mit zur Verarbeitung bei.

Die Gäste reisen ab, hinterlassen aber Spuren der Dankbarkeit in den Angehörigen. Es war gut, sie kennengelernt zu haben.

Ein schemenhaftes Bild entsteht

Monate später erhält Rita Grünwald Post von Frauke. Es ist ein dicker Brief. Mehrere Seiten stecken in dem Umschlag. Die Hebamme hat die schweren Junitage aus ihrer Sicht schriftlich festgehalten.

Anitas Mutter hält die Blätter lange in den Händen, ihre Augen sind auf die beschriebenen Seiten gerichtet und nehmen die Worte dennoch nicht wirklich wahr. Dann wagt sie es, Zeile um Zeile zu lesen, dabei meint sie Fraukes Stimme zu hören. Es ist ihr, als würde sie mit der Hebamme die Tage durchleben.

Frauke schreibt: (Originaltext)

Jemen, 12. und 13. Juni 2009
Vermisst

Ein „normaler" Freitag.

Der Freitag ist im Jemen wie der Sonntag bei uns. Vormittags sind alle Geschäfte geschlossen, alles ist in Ruhetagstimmung. Am Vormittag finden die wichtigen Freitagsgebete statt. Wir Christen feiern den Freitag als Sonntag und treffen uns jeweils um 10.00 Uhr zu unserem Gottesdienst. Jeder in unserem Team leitet ab und zu diese gemeinsame Zeit, es läuft nach einem Plan.

Auch am 12. Juni feierten wir unseren Gottesdienst. Joung Sun hatte die Leitung. Wir sangen wie immer viele Lieder. Alle freuten sich, dass Joung Sun uns am Klavier begleitet. Als Predigt hörten wir uns meistens eine Predigtkassette oder CD an. An diesem Freitag hörten wir eine Predigt von

Max Lucado über 1. Samuel 21,1-22, mit dem Titel „The Churche of the desperate".

Nach dem Gottesdienst wurden Rita und Anita nochmals vom Team willkommen geheißen, obwohl sie ja schon einige Tage bei uns waren. Im Anschluss gab es, wie immer nach dem Gottesdienst, Kaffee und Kuchen. Wir waren gemütlich beieinander und freuten uns an der Gemeinschaft. Die Freitagnachmittage werden meistens gemeinsam verbracht. Am 12. Juni wurde der Ausflug zu Wadi Roraz (zeitweilig ausgetrockneter Flusslauf) von der Familie Hentschel geplant und Rita, Anita, Young Sun und Tony wurden eingeladen mitzufahren.

Ich war zusammen mit Tonys Frau Christine, einer Besucherin und meiner Kollegin Marleen zum Mittagessen bei einer jemenitischen Familie eingeladen.

Wir brachen schon kurz nach dem Gottesdienst auf. Mit unserem Team-Auto fuhren wir aus dem von Soldaten bewachten Klinikgelände. Ohne die Erlaubnis der Soldaten und somit des Sicherheits-Chefs, konnten wir das Gelände nicht verlassen. Es gab Tage, da verweigerten sie uns auf Grund der mangelnden Sicherheit die Ausfahrt. An diesem Tag ließen sie uns fahren.

Es war wie immer ein sehr schöner, sonniger, warmer Tag mit strahlend blauem Himmel. Wir fuhren ca. 30 Minuten durch die Stadt, einzelne Dörfer und Wadis. Unser Weg führte eine längere Strecke auch dem Wadis entlang, zu dem die Familie Hentschel später aufbrechen wollte. Keiner ahnte, was dort in wenigen Stunden geschehen würde. Die Zeit bei der jemenitischen Familie empfanden wir alle als sehr schön. Wir haben die herzliche Gastfreundschaft genossen.

Auf der Rückfahrt war ich wieder einmal so glücklich, so voller Liebe für dieses wunderschöne Land und die liebevollen und herzlichen Menschen.

Wir kehrten kurz vor Sonnenuntergang zurück, so wie es seit jeher Absprache in unserem Team war.

Johannes und Sabine Hentschel verließen zusammen mit ihren Kindern und mit Tony, Joung Sun, Anita und Rita kurz nach uns, zwischen 13:00 – 14:00 Uhr die Stadt, um zum Wadi Roraz zu fahren. Auch sie passierten die Sicherheitskontrolle, als sie das Klinikgelände verließen, und auch sie durften fahren. Niemand hatte Bedenken.

Im Wadi Roraz kann man wunderbar zwischen Felsen spazieren gehen und viele schöne schattige Plätze laden zum Picknick ein. Dieses Wadi ist zum damaligen Zeitpunkt einer der sichersten Orte außerhalb der Stadtmauern. Selbst während des Krieges konnten wir ab und zu dorthin. Damals war es fast der einzige sichere Platz außerhalb der Stadt.

Vor dem Wadi Roraz befindet sich ein kleines Dorf, in dem viele befreundete Jemeniten wohnen, die uns oft einluden. Wir waren gerne dort. Es war erst wenige Tage her, da hatten einige aus dem Team, ich war auch dabei, dort einen sehr schönen Tag verbracht.

Am 12. Juni kamen wir kurz vor Sonnenuntergang zu Hause an. Es gehörte zu unseren Sicherheitsabmachungen, vor Sonnenuntergang wieder auf dem Klinikgelände zu sein.

Das Auto von Johannes und Sabine fehlte noch! Das war schon etwas ungewöhnlich, weil Johannes als Fahrer und

Verantwortlicher sonst immer sehr pünktlich zurück war. Schon zu diesem Zeitpunkt war es mir komisch zumute.

Zwischen 18:00 bis 19:30 Uhr rufen wir verschiedene einheimische Freunde an. Vielleicht wurden sie spontan zum Essen eingeladen, das könnte eine Erklärung für die Verspätung sein. Sie waren nirgends zu finden. Keine Spur!

Ab 20.00 Uhr wussten wir, dass etwas passiert sein musste. Eine Entführung wurde immer wahrscheinlicher. Für uns alle war dieser Gedanke zwar noch immer unvorstellbar. So lange war ich und einige andere vom Team schon in Saada, vor einer Entführung blieben wir immer verschont. Einige hatten den Krieg miterlebt, aber unsere Mitarbeiter blieben bewahrt. Eine Entführung – wir wollten es nicht glauben, trotzdem breitete sich die Sorge und Angst mehr und mehr aus.

Ich übernahm mit meiner Kollegin Nathalie den Nachtdienst im Kreissaal, während unser Teamleiter mit der jemenitischen Polizei die Strecke nochmals absuchte.

Meinen Nachtdienst im Kreissaal verbrachte ich zusammen mit allen anderen in großer Angst, Verzweiflung und Entsetzen. Ich war innerlich total starr, konnte und wollte es nicht wahr haben.

Wir hatten in dieser Nacht sehr viele Geburten und konnten uns deshalb nur wenig auf die schreckliche Situation konzentrieren. Ein paar Momente nahmen wir uns immer wieder, um gemeinsam zu beten. Auch Christine, Tonys Ehefrau, ist einige Zeit bei uns, um nicht allein zu Hause zu sein. Erst als ich am Morgen den Kreißsaal verließ, konnte ich mich der Angst und der Verzweiflung um unsere Freunde hingeben. Unter Tränen flehte ich Gott auf Knien an, sie uns wieder zurück zu bringen.

Ich wünschte, ich würde von diesem Albtraum aufwachen. Ich wollte die Zeit zurückdrehen, sie nicht ins Wadi fahren lassen. Ich hoffte, dass sie auf das Klinikgelände fahren und gesund und wohlerhalten aussteigen. Das ganze Team war sehr in Angst und wir alle konnten es einfach nicht richtig wahrhaben.

Die Tage von Freitagabend bis Montag schlichen schwer und dunkel dahin. Innerlich waren wir darauf gefasst, dass ein Anruf von den Entführern kommen und sie ihre Forderungen stellen würden. Bei jedem Telefonklingeln stieg Angst und Hoffnung auf. – Vergeblich! Die Entführer meldeten sich nicht!

Wir nahmen uns als Team immer wieder Zeiten, in denen wir uns trafen, um zusammen zu beten und uns gegenseitig zu trösten und zu ermutigen. Dann ging jeder, so weit wie eben möglich, seinen normalen Tätigkeiten weiter nach. Ich arbeitete weiter im Kreißsaal. Es war sehr viel los. Wir hatten einige schwierige Geburten. Im Hintergrund lief die Suche auf Hochtouren.

Zwischendurch schrieb ich folgende Sätze in mein Tagebuch: „Keine Nachricht, keine Bedingungen, keine Lebenszeichen. Die drückende Stille um das plötzliche Verschwinden von unseren Freunden breitet sich in mir aus, macht mich innerlich stumm, taub, leer. Diese drückende Stille legt sich auf alles um mich herum."

Jemen, 15.06.2009
Schock

Ich hatte wieder Frühdienst im Kreißsaal.

Gegen Mittag begleite ich eine Frau, die ihr Kind bald zur Welt bringen würde. Es konnte nicht mehr lange dauern.

Plötzlich klingelte das Telefon, nichts Außergewöhnliches, dennoch fühlte ich eine innere Anspannung. Meine jemenitische Kollegin nahm den Anruf entgegen. Als sie in meine Richtung schaute, wusste ich sofort, dass etwas passiert war. Sie richtet mir aus, ich solle sofort nach Hause kommen.

Ich war aber noch immer bei der werdenden Mutter. Nur noch ein paar Minuten, dann würde der neue Erdenbürger da sein. Nur noch ein paar Minuten, schaffte ich das?

Ich konnte nicht anders, ich musste sie meiner Kollegin übergeben und rannte nach Hause.

Zu Hause wartete Rose auf mich. Wenige Minuten zuvor hatte sie die Nachricht von der jemenitischen Polizei erhalten: Drei tote Frauen wurden in einem Wadi gefunden. Noch ungläubig und unter Schock erzählte sie mir davon. Wir saßen beide stumm da. Es war unfassbar, wir konnten es nicht glauben. Hemmungsloses Weinen! Zweifel an der Wahrheit der Nachricht! Es waren die unkontrollierten Reaktionen des Schocks.

Ein Teil unseres Teams versammelte sich im Vorhof. Dort war auch „unser" Team-Haus mit Büro, Werkstatt und Pausenraum. Wir warteten etwa 2 Stunden auf das Auto mit Rita, Anita und Young Sun. Eine nicht enden wollende Zeit!

Während des Wartens erreichten uns Nachrichten aus allen Richtungen. Unterschiedlichste Nachrichten. Einmal hieß es, sie würden alle leben und wären alle auf dem Weg zurück zu uns. Dann die vernichtende Nachricht, dass alle tot aufgefunden wurden. Es war ein ständiges Auf und Ab, zwischen Hoffnung und Verzweiflung, das kaum noch auszuhalten war. Die Zeit kam mir lang vor, nicht enden wollend.

Endlich fuhr der Ambulanzwagen vor.

Das Team machte sich gemeinsam auf den Weg, um Rita, Anita und Young Sun in Empfang zu nehmen. Aus der Hoffnung wurde die traurige und verzweifelte Gewissheit, dass es wirklich unsere drei Schwestern sind.

Sie gingen so fröhlich, zuversichtlich, glücklich, voller Liebe für die Menschen um sie herum und kamen so still und leblos zu uns zurück.

Wir standen alle unter schwerem Schock.

Kurz danach versammelten wir uns als Team, um gemeinsam sprachlos, unendlich traurig und entsetzt zu sein. Wir beteten und sangen, wenn wir Worte hatten und sprechen konnten. Meist waren wir einfach nur still.

Und dann war da ein kurzer, klarer Moment, in dem ich trotz dieser schrecklichen Gewissheit voller Frieden war. Es war, als ob mir jemand sagen würde: „Es ist ok, es ist vorbei, es ist gut, es ist geschafft."

Auch Rose spürte diesen kurzen Moment des Friedens, bevor sich der Mantel der Dunkelheit, der Fassungslosigkeit und des unendlichen Schmerzes wieder über uns legte.

Wir blieben bis spät in die Nacht als Team zusammen und beteten, weinten und aßen zusammen. Wir gaben der Verzweiflung einen geschützten Raum.

Im Nachhinein erinnert es mich manchmal an die früheren Christen. So mussten sie sich gefühlt haben, wenn ihre Glaubensgeschwister ermordet wurden. Angst, Verzweiflung und Schrecken trieb sie zusammen in den Schutz ihrer Häuser, unter die schützenden Flügel Gottes. So war es bei uns an diesem Montagabend. Wir verkrochen uns in unser Haus, voller Angst, Ohnmacht, Verzweiflung und doch spürten wir Gottes Gegenwart und seine Ruhe.

Jemen, 16.06.2009
Abschied von Saada

Am Dienstag, 16. Juni, wurde ein Großteil unseres Teams in einer eiligen Aktion in die Hauptstadt geflogen. Saada war angeblich nicht mehr sicher für uns.

Noch in der Nacht packte ich meinen Rucksack mit den nötigsten Sachen. Am frühen Morgen versuchte ich mich von all meinen jemenitischen Freunden zu verabschieden. Ich verpasste viele, vor allem meine beste Freundin Miriam. Ich konnte mich nicht von ihr verabschieden, sie nie wieder in den Arm nehmen. Wir wurden einfach so auseinander gerissen.

Viele jemenitische Freunde versammelten sich vor unserem Haus, um die Traurigkeit und ihr Mitgefühl, teilweise auch ihre Scham und ihr Schuldgefühl zum Ausdruck zu bringen. Viele Tränen, viel Wehklagen erfüllten unser Haus. Es tat gut, mit unseren Freunden zu trauern und tat doch auch unendlich weh, sie so zu verlassen und unter so einem schrecklichen Anlass Abschied zu nehmen.

Mit Marleen und Rose, zwei lieben Kolleginnen, packten wir unter Tränen Ritas, Anitas und Young Suns Koffer. Ich strich noch liebevoll über einige Kleidungsstücke und Gegenstände, als ob ich mich auf diese Weise ein wenig verabschieden könnte. Alles in mir weinte bitterlich. Immer wieder kamen die Worte über meine Lippen: „Es tut mir so leid!"

Am Vormittag, so gegen 10:00 Uhr, wurden wir von der Sicherheitspolizei vom Krankenhaus abgeholt und unter Militärschutz zum Flughafen gebracht.

Der ganze Krankenhausvorplatz war voll mit Menschen, die von uns Abschied nehmen wollten. Wir kamen kaum durch die Menschenmassen hindurch. Es war so bewegend und gleichzeitig so unendlich traurig. Ich konnte es kaum aushalten, meine Freunde, meine Arbeit, mein Leben in Saada so plötzlich zu verlassen.

Rita, Anita und Young Sun wurden mit uns zum Flughafen gebracht. Ein ganzer Bus mit Freunden und Kollegen begleitete uns.

Die drei jungen, nun leblosen Frauen wurden mit einem Hubschrauber nach Sanaa gebracht. Unser Team bestieg ein kleines Flugzeug und wurde ebenfalls nach Sanaa geflogen. Aus dem Fester des Flugzeugs konnte ich unter uns immer den Hubschrauber sehen. Ich hatte das Gefühl, dass es gut ist, mehr oder weniger zusammen aus Saada zu gehen. Ich konnte Rita, Anita und Young Sun nicht davor bewahren, entführt und ermordet zu werden, aber ich konnte sie auf ihrem Weg zurück etwas begleiten. Es war so, als ob wir Hand in Hand Saada verlassen würden.

Für all das, was in diesen Tagen über uns hereingebrochen war, fand ich keine Worte. In mein Tagebuch schrieb ich mir nur folgende Psalmen:

Ps. 46,2-4 + 12: *„Gott ist unsere Zuversicht und Stärke, eine Hilfe in den großen Nöten, die uns getroffen haben. Darum fürchten wir uns nicht, wenn gleich die Welt unterginge und die Berge mitten ins Meer sänken, wenngleich das Meer wütete und wallte und von seinem Ungestüm die Berge einfielen. ...der Herr Zebaoth ist mit uns, der Gott Jakobs unser Schutz." (Luth. `84)*

Ps. 73,26: *„Wenn mir gleich Leib und Seele verschmachtet, so bist du doch, Gott, allezeit meines Herzens Trost und mein Teil." (Luth. `84)*
(Soweit die Aufzeichnungen von Frauke an Rita Grünwald)

Rita lässt die Blätter in ihren Schoß sinken. Ihr Gesicht ist tränennass und ihr Herz schwer. Noch nie zuvor hat sie die Ereignisse, die dort im Jemen stattfanden, in solch ausführlichem Zusammenhang geschildert bekommen.

Dieser Bericht ergibt ein Bild, das zwar noch immer lückenhaft ist und wahrscheinlich nie vollständig werden kann. Dennoch erhält sie durch Fraukes Worte und auch durch die Gespräche mit den Mitarbeitern Antworten, wenn auch nur Teilantworten, mit denen sie aber weiter leben kann. Es ist, als würde Gott immer wieder so viel offenbaren, wie sie und die anderen Angehörigen gerade tragen können, aber auch so viel, dass sie die ungeklärten Fragen ertragen können.

Fraukes Bericht gibt Rita aber auch das Wissen, dass ihre Tochter und Nichte im Jemen betrauert wurden, ein weiterer tröstlicher Gedanke. In der Heimat wurde der Einsatz in dem islamischen Land von vielen kritisiert; die Menschen, die sie dort erlebten, haben sie geschätzt und die Motive richtig eingeschätzt. Die Mitarbeiter haben an diesem schrecklichen Freitag alles getan, was in ihrer Macht stand, auch wenn es vergeblich war. Sie haben gesucht, gebangt, gebetet.

Beim Lesen des Abschieds der Klinikmitarbeiter erhielt sie ein anderes Bild des jemenitischen Volkes. Die Einwohner Saadas haben das internationale Team geschätzt, teilweise sogar geliebt. Das Bild radikaler Islamisten schwindet. Der Großteil der Bevölkerung ist anders.

Rita ist dankbar, dass sich Frauke den Ereignissen gestellt und sie festgehalten hat. Das Band zu dieser Frau und zu den anderen Mitarbeitern legt sich damit noch fester um ihr Herz. Diese Menschen, die ein Leben der Nächstenliebe im Jemen geführt und dabei auf unsagbar viel verzichtet haben, werden ihr zu Vertrauten und zu Vorbildern. Es sind Menschen, die wie Anita und Rita aus Liebe zu Jesus leben und handeln.

Kapitel 3

Vom Traum zur Wirklichkeit

Anitas Traum

Viktor Grünwald fühlt sich immer mehr zu den Erinnerungen, die ihm von seiner Tochter geblieben sind, hingezogen. Da er zu ihren Lebzeiten ihren Glauben nicht teilte, hat er nun das starke Empfinden, vieles aus ihrem Leben verpasst zu haben. Er kannte sie, hatte ein schönes und auch inniges Verhältnis zu ihr und doch sind da Winkel ihres Lebens, die er zu erforschen sucht.

Anitas Laptop gibt ihm Zugang zu einem Bereich ihres Lebens, den er nicht wirklich kannte. Es sind die Fotos aus Afrika, die ihm einen Blick in ihr Herz gewähren. Diese Bilder sagen mehr als tausend Worte. Sie zeigen die junge Frau beim Spiel mit den Kindern im Kinderdorf oder bei der Versorgung kleiner Patienten. Immer wieder entdeckt er sie unter den schwarzen Kindern und sie strahlt mit ihnen um die Wette.

Es sind aber auch Landschaftsbilder, Impressionen aus dem Landleben Malawis in der Fotosammlung zu finden. „Unglaublich", murmelt er vor sich hin und zeigt auch seiner Frau Aufnahmen, auf denen Malawis Armut zu erkennen ist. Er sieht Häuser, die in seinen Augen nicht mehr als baufällige Schuppen sind. ‚Meine Garage ist hundertmal besser', denkt er und kann sich nicht vorstellen, dass hier eine mehrköpfige Familie zu Hause ist.

Natürlich hatte Anita ihm und der ganzen Familie von diesem Land erzählt. Er wusste auch, dass es zu den zehn ärmsten Ländern der Welt zählt. Außerdem sieht er Anitas Fotos nicht zum ersten Mal, sie hat sie ihm gezeigt. Als Familie saßen sie mit ihr zusammen und sie zeigte begeistert die Bilder und erzählte ihre kleinen Storys dazu. Trotzdem ist es jetzt anders, er nimmt die Fotos mit anderen Augen wahr und gleichzeitig erkennt er auch seine Tochter in einem anderen Licht. Der Vater beginnt mehr und mehr zu begreifen, was die Tochter in die fernen Länder zog.

„Dort war sie glücklich", stellt er fest und schaut auf ihr strahlendes Lachen, mit dem sie das Kind in ihren Armen anschaut. „Anita war ein glücklicher Mensch, sie war es hier auch", antwortet seine Frau, fügt dann aber hinzu: „Es sieht aber so aus, als wäre sie dort besonders beglückt gewesen. Sie war es, weil sie helfen und den Kindern, die niemand wollte, ihre Liebe schenken konnte."

Rita erinnert sich an die Zeit, als ihre Tochter im Wolfsburger Klinikum die Ausbildung zur Kinderkrankenschwester gemacht hat. Anita konnte kaum erwarten, die Abschlussprüfung zu machen, dann war sie ausgerüstet für Afrika und einem Einsatz stand nichts mehr im Weg. Eigentlich war der Wunsch, in die Mission zu gehen, ausschlaggebend für die Berufswahl. Sie wusste, dass sie mit dieser Ausbildung in jedem bedürftigen Land einsatzfähig war.

Den Eltern wird erneut klar, welch tiefgehende Entscheidung ihr Mädchen schon in ganz jungen Jahren getroffen hatte. Anita trug eine klare Vorstellung, eine Vision für ihr Leben in sich und diese hat ihre Entscheidungen bestimmt. In ihrem Malawi-Tagebuch entdecken sie Erlebnisse, die das Leben ihrer Tochter verändert haben:

Eines Samstags war eine seltsame Gruppe am Tor des Kinderdorfes. Es waren zwei ältere Männer und eine junge Frau, die ein in Tücher gehülltes Baby in den Armen hielt. Beinahe ängstlich schaute sie auf das Kind. Einer der Männer, es war ein Stammesältester, fragte nach dem Chef des Kinderdorfes. Als das deutsche Ehepaar, das in der Leitung des Projektes tätig war, am Tor erschien, stellte sich heraus, dass die Mutter des Kindes bei der Geburt gestorben war. Nun schob die Frau des Leiters ganz vorsichtig die Tücher zur Seite und stellten fest, dass das kleine Mädchen erst wenige Stunden alt war. Der Vater wollte das Kind nicht, weil er Angst hatte, es könnte nach dem Tod der Mutter Unglück und Tod in sein Haus bringen. Sein animistischer Glaube diktierte ihm und seiner Sippe dieses Handeln. Seine Einstellung hätte dem Baby das Leben kosten können. Im Kinderdorf war eigentlich kein Platz für den Säugling, aber die deutsche Familie nahm das Kind in ihrem eigenen Haus auf. Die Kleine war stark unterkühlt. Ihre kleinen Lippen waren blau und ihre Haut kalt. Es gab keinen Inkubator. Was tun? Ein Mitarbeiter holte eine Infrarotlampe aus dem Hühnerstall. – Grünwalds finden ein Foto, auf dem sie sehen, wie Anita die Lampe über das kleine Mädchen hält. Solche und andere Erlebnisse prägten sich tief in Anitas Herz.

Immer wieder ist ein kurzer Satz zu lesen: „Heute war ich in Dombole." In diesem Ort ist ein weiteres Kinderdorf, das zur gleichen Organisation gehört. Anita fuhr in der glühenden Hitze mit dem Fahrrad hin, um die kranken Kinder zu versorgen. An einer Stelle schreibt sie: „Ihr Lachen ist der größte Dank."

Die Eltern schauen sich auch Fotos von der Unterkunft an, wo Anita mit anderen deutschen Mitarbeiterinnen gewohnt hat. Das Haus ist bedeutend besser als die Häuser der Einheimischen, dennoch ist es ärmlich, beinahe primitiv. Das Foto lässt nicht den geringsten Luxus erkennen und der war auch nicht vorhanden. Trotzdem zog es Anita immer wieder nach Malawi.

Sie stoßen auf eine weitere Begebenheit: Anita saß eines Abends mit einigen Mitarbeitern und Gästen gemütlich zusammen. Plötzlich hören sie Hilferufe. Die Gruppe rennt auf das dunkle Gelände hinaus, in der Annahme, dass jemand in Not ist. Als sie ein gutes Stück Wegs vom Haus entfernt waren, wandelt sich die Situation. Einige afrikanische Männer kommen stürmisch und bedrohlich auf sie zu. Blitzartig erkennen sie, dass es nicht Hilfesuchende, sondern Einbrecher sind, die sie aus dem Haus gelockt haben. Nun heißt es laufen, was das Zeug hält. Sie können sich gerade noch in das Haus hinein flüchten und die Gittertür vorziehen, da hat die Bande sie eingeholt. Da sie nicht mehr abschließen können, kommt es zu einem Machtkampf an der Tür. Wie durch ein Wunder geben die Täter auf. Allerdings nicht wirklich, sie ziehen nämlich zum Nachbarhaus, das auch von deutschen Missionaren bewohnt ist. Einer der Männer greift zur Waffe. Die Kugeln landen alle in der Küchenwand des Missionshauses. Auf unerklärliche Weise geben die Verbrecher auch dort auf. Monatelang waren die Einschussstellen in der Küche über dem Esstisch zu sehen. Ein Zeichen der Bewahrung Gottes.

Nach diesem Erlebnis gab es für Anita vermutlich keinen Zweifel mehr, dass das Leben in einem minderbemittelten Land gefährlich ist. Armut kann zu Verzweiflung, Neid und Kriminalität führen. Aber auch diese Erfahrung hielt sie nicht von neuen Einsätzen ab.

Rita Grünwald kennt das Geheimnis, das dahinter steckt: „Sie hatte die Liebe Gottes so stark erlebt, dass sie gar nicht anders konnte, als sie an andere weiter zu geben."

In ihrem Malawi-Tagebuch ist folgender Text zu finden:

„Mir ist wieder aufgefallen, wie sehr sich die Kinder über Zuwendung und Zärtlichkeit freuen. Es gibt für mich nichts Schöneres als den Kindern Liebe zu geben durch Aufmerksamkeiten, Zeit, Umarmungen und vielem mehr. Es sind die Begegnungen mit den Kindern, die mir immer so viel Freude geben. Es sind hier so viele Schätze um mich herum. Ich würde mich riesig freuen, wenn Gott mit mir vorhätte, ein Kinderdorf zu gründen, wo die Kinder Liebe und all das bekommen, was ihnen nie gegeben wurde."

In ihren Tagträumen stellte sie sich diesen Ort vor. Sie sah Kinder spielen, hörte ihr Lachen und Singen. Sie stellte sich vor, wie sie mit ihnen lernt, ihre großen und kleinen Nöte anhört und ihnen von dem Gott der Liebe erzählt.

Rita Grünwald erinnert sich, dass Anita diesen Traum auch ausgesprochen hat, ja, noch mehr: Sie träumte und plante oft mit einer ihrer Freundinnen. Anika und Anita hegten den Gedanken miteinander diesen Traum umzusetzen. Das waren noch keine festen Pläne, aber Überlegungen; Umsetzung wäre durchaus möglich gewesen.

Diese Erinnerungen und Entdeckungen bewegen das Elternpaar sehr. Sie spüren, wie ernst es ihrer Tochter war. Wenn man das Tagebuch einer 25-Jährigen öffnet, dann erwartet man Liebesgeschichten, Träume vom Prinzen des Lebens, Vorstellungen über das eigene Lebensglück. Durch Anitas Tagebücher zog sich ein anderer Gedanke: ‚Herr, zeige mir den Weg, den ich gehen soll.'

In einem Tagebuch, das während ihrer Bibelschulzeit beschrieben wurde, finden wir folgende Worte:

„Ich würde mich riesig freuen, wenn Gott mit mir vorhätte, ein Kinderdorf zu gründen, wo Kinder Liebe und all das bekommen, was ihnen nie gegeben wurde.

Wenn man Gott alles hingibt, dann kann er aus den Bruchstücken unseres Lebens etwas Wunderbares formen und uns gebrauchen für sein Reich. Ich wünsche mir so sehr, dass Gott mich ganz hinnimmt und gebraucht.

In seiner Gnade möge er mir helfen, nach seinem Wort zu leben: ‚Lasset uns lieben, denn er hat uns zuerst geliebt.‘ (1.Joh. 4,19)

Es ist so schön, dass Gott alle Dinge, auch die für uns schlechten, für etwas Gutes gebrauchen kann, wenn wir ihn an das Steuerrad lassen. Er ist der beste Fahrer, bei dem man sich sicher fühlen kann und weiß, dass man am richtigen Ziel ankommt.

Mit Gott, für Gott und zu seiner Ehre zu leben, ist das Schönste, das es gibt auf dieser Welt. Wie schön zu wissen, dass er da ist."

Anita war noch nicht einmal 25 Jahre alt, aber sie hatte eine Vision. Diese Vision war in erster Linie ein Leben mit und für Gott. Aus ihren Aufzeichnungen ist allerdings auch zu erkennen, dass Gott ihr eine ganz praktische Vision gab: Ein Ort, an dem Kinder Heimat und Geborgenheit, Versorgung und Fürsorge, Verständnis und Lebenshilfe finden.

War mit ihrem frühen Tod auch die Vision gestorben? Ja, Anita konnte sie nicht mehr ausführen, aber könnten es nicht andere an ihrer Stelle tun?

Es dauert nicht lange, da ist der Funke übergesprungen. Die Eltern beschließen: Wir wollen etwas tun! Sie wollen Anitas Traum weiter träumen, noch mehr, sie wollen ihn Wirklichkeit werden lassen. Wie? Das ist ihnen zu diesem Zeitpunkt noch nicht klar, aber sie spüren, dass Gott ihnen eine Aufgabe, ein neues Ziel schenkt.

Der Stein kommt ins Rollen

Die schrecklichen Junitage liegen noch gar nicht lange hinter ihnen und ihre Gefühle fahren noch immer Achterbahn, dennoch sind Rita und Viktor Grünwald nun in Sachen Malawi unterwegs.

Irgendwie fügt sich alles ineinander.

Schon vor der Beerdigung kamen Leute auf sie zu und fragten, ob sie etwas für Malawi tun könnten. Verwunderlich ist das nicht. Anitas Sturkopf hatte ja auch seine positive Seite, sie war hartnäckig. Wenn ihr etwas wichtig war, dann blieb sie dran und erzählte davon. Wo immer sie hinkam, berichtete sie von Malawi, hat Pateneltern für die Waisenkinder geworben und das Anliegen bekannt gemacht. Kein Wunder, dass diese Menschen nun an dieses arme Land dachten. Sie brachten Anita einfach damit in Verbindung. Es war, als wollten sie an Anitas Stelle etwas für Malawi tun.

Schon vor der Beerdigung sind neben Kondolenzbüchern und den Bildern der Mädchen in einem Meer von Blumen Briefumschläge mit Geldspenden zu finden. Der Vermerk lautete: Malawi. Viele Menschen, vor allem Jugendliche, sind durch das Zeugnis von Anita und Rita aufgerüttelt und motiviert, Gott zu dienen.

„Wollt ihr nicht etwas starten?", fragte irgendwann ihr Pastor und Freund Johann Dokter. Sie hoben die Schultern und sagten etwas ratlos: „Eigentlich schon, aber wie?" In Johanns Augen blitzte Begeisterung auf, er wusste, dass sie ein neues Ziel brauchen, um mit dem Verlust der geliebten Tochter besser klar zu kommen. „In der Gemeinde finden sich bestimmt Menschen, die mit anpacken. Mit dem Anliegen würdet ihr niemals allein bleiben", ermutigt er weiter. Auch er ist ein Visionär mit weitem Herzen, deshalb konnte er sich gut vorstellen, dass das Projekt in Zusammenarbeit mit seiner Gemeinde entstehen könnte.

Einige Tage später klingelt das Telefon und zu ihrer Überraschung war der damalige Missionsleiter von TO ALL NATIONS am anderen Ende. Er kannte Anita und wusste um ihr warmes Herz für Afrika. Der Gedanke, dass der Tod der beiden Frauen der Beginn eines neuen Projektes sein könnte, ließ ihn nicht mehr los.

Nun rollt ein VW-Bus mit Grünwalds, dem Pastor und zwei Gemeindemitarbeitern über die Autobahn, ihr Ziel ist Bornheim bei Bonn. Ritas und Viktors Herzen sind zum einen schwer. Gleich würden sie den Ort und das Haus betreten, wo sich Anita so gerne aufgehalten hat und Zurüstung für ihre Einsätze erhielt. Sie sind aber auch gespannt und fragen sich, was Gott vorhat.

Als sie Stunden später das Navi wieder mit Wolfsburg als Ziel programmieren und den Heimweg antreten, sind sie innerlich mit neuen Eindrücken, Ideen und Visionen erfüllt. „Das hat mir heute gut getan. Ich habe ein gutes Gefühl, dass bald ein Anfang zu sehen ist", meint Viktor und ist sich sicher, dass Anita sich darüber freuen würde. Dann kommt die Frage auf: „Mussten die beiden sterben, damit etwas Neues entsteht?" Die nächste Frage schließt sich gleich an: Gibt das neue Projekt ihrem frühen und grausamen Tod einen Sinn? Nein, wir können dem Tod keinen Sinn geben. Es ist Gottes Gnade und Eingreifen, die Hinterbliebenen und andere dadurch in Bewegung zu setzen und etwas Gutes entstehen zu lassen. Aber dem schrecklichen Geschehen einen Sinn geben, das können wir nicht. Gottes Gedanken sind höher als unsere und wenn in Malawi etwas Neues entsteht, dann ist es nur ein Teil seines Planes, er hat mehr, viel mehr vor, als wir uns vorstellen können.

Für Viktor ist nun klar: „Ich fliege dahin! Ich will das alles mit eigenen Augen sehen." In seinem Herzen ist die Reise gebucht.

Zu Hause besprechen sie die Pläne mit Stumpps. „Es ist gut, wenn Menschen durch das Zeugnis der Mädchen in Bewegung kommen", meint Albert und Maria ist ganz seiner Meinung.

Rita Stumpp war nie in Afrika, dennoch stand sie immer hinter der Cousine. Als Anita das erste Mal in Malawi war, schrieb Rita in einem Brief: „Das ist ein Hammererlebnis, das du da machst, ich wäre gerne bei dir!" Die Familien sind sich sicher, auch Rita wäre begeistert, wenn sie wüsste, was ihr früher und schrecklicher Tod auslöst und wie ihr und Anitas Zeugnis Menschen zur tätigen Nächstenliebe motiviert. Irgendwann sagt Maria Stumpp: „Ich bin sicher, Rita wäre da auch hingefahren!"

Eine wirksame Praxis

Anita war das älteste der drei Grünwald-Kinder, deshalb hatte sie das größte Zimmer. Monate nach Anitas Tod ist dort noch immer alles so, wie sie es gestaltet und hinterlassen hat. Aus jeder Ecke des Raumes steigt ein Hauch Afrika auf. Überall stehen Gegenstände herum, die sie von ihren Reisen mitgebracht hat. Natürlich hängen und stehen da auch Fotos von schwarzen Kindern; es wäre ja nicht Anitas Zimmer, wenn es nicht so wäre.

So unberührt das Zimmer auch ist, es hat plötzlich eine Veränderung erfahren. Kisten mit Bastelmaterial stehen in einer Ecke. Abends holt die Mutter diese Kisten und schleppt sie mit in das Gemeindehaus. Wenn sie dann zurückkommt, bringt sie interessant aussehende, sehr schön gestaltete Mappen mit. Zusammen mit einigen Frauen aus der Gemeinde hat sie diese gebastelt. Es sind Infomappen für das entstehende Projekt in Malawi.

Anitas Schreibtisch in der Ecke ist der Arbeitsplatz ihrer Mama geworden. Sie schreibt, druckt, füllt die Mappen mit Dokumenten. Rita Grünwald bereitet Infomappen für zukünftige Patenschaften vor. Jedes Kind in ihrem geplanten Projekt soll zwei Pateneltern bekommen, so sollen die Lebenshaltungskosten für die Kinder gedeckt werden.

Dann „hängt" sie am Telefon und spricht mit Mitarbeitern aus der Mission oder mit Leuten aus dem Missionsteam. Dieses Team setzt sich aus Mitgliedern der Immanuel-Gemeinde zusammen. Sie planen Veranstaltungen, die das neue Projekt bekannt machen. Eine große Veranstaltung, die das Team mit der Gemeinde gemeinsam plant und durchführt, ist ein Benefizkonzert mit Samuel Harfst, einem christlichen Sänger.

Plötzlich ist die Mutter auf unterschiedlichste Weise mitten im Missionsgeschehen, und das von Anitas Zimmer aus. Nicht nur Rita, auch Viktor ist in die Planung und Vorbereitung des neuen Kinderprojektes eingebunden. Sie tun es zusammen mit vielen freiwilligen, ehrenamtlichen Helfern aus der Immanuel-Gemeinde und in enger Zusammenarbeit mit der Bornheimer Organisation TO ALL NATIONS.

Wenn Rita nachdenkt, muss sie sich eingestehen, dass „sie mit dieser Arbeit ein Programm ‚fährt'", das auch für ihre eigene Seele gut ist.

Rita Grünwald spricht immer wieder von dem tiefen Frieden, der sie in all dem Schweren und trotz der großen Sehnsucht nach Anita und Rita erfüllt. Sie spricht nicht nur davon, sie strahlt diesen Frieden auch aus, andere spüren ihn. Es ist der Friede, den nur Gott schenken kann, der aber auch von unserer Lebenshaltung abhängig ist.

Der Apostel Paulus beschreibt in Philipper 4 diesen Frieden. Er nennt ihn den Frieden, der unseren Verstand übersteigt. Mit anderen Worten, ein Friede, der nicht zu begreifen ist, weil er nicht zu der Situation passt. Paulus zeigt aber auch eine Art Programm - einen Blickwechsel - auf, der zu diesem Frieden führt.

„Freuet euch in dem Herrn aller Wege und abermals sage
ich: Freuet euch!
Eure Güte lasst kund sein allen Menschen!
Der Herr ist nahe!
Sorget euch um nichts, sondern in allen Dingen lasst eure
Bitten in Gebet und Flehen
mit Danksagung vor Gott kund werden!

Und der Friede Gottes, der höher ist als alle Vernunft,
bewahre eure Herzen und Sinne in Christus Jesus."
Philipper 4,4-7 (Luth. `84)

In diesem Text finden wir einen **dreifachen Blickwechsel**:

1. Von uns und unserem Kummer weg und zu Jesus hinschauen. Nur wer sich ihm zuwendet, ihn „anschaut", sich mit ihm und seinem Wort und seinen Eigenschaften beschäftigt, kann sich an ihm freuen.

2. Von uns weg und auf andere hinschauen. Nur wer die anderen im Focus hat, kann ihre Bedürfnisse wahrnehmen und ihnen Güte erweisen.

3. Von unseren Sorgen wegschauen und auf das sehen, was Gott bereits getan hat. Das ist Dankbarkeit, sie vergisst in den schweren Zeiten das Gute nicht.

Dieses kleine Programm praktizieren Anitas und Ritas Angehörige mal bewusst, mal unbewusst, mal mehr, mal weniger.

Sie tun es alle, indem sie an Jesus bleiben und sich mit seinem Wort und seinen Eigenschaften beschäftigen.

Sie tun es, weil sie für das Gute im Leben und die guten Erinnerungen dankbar sind.

Mit dem neuen Kinderdorf in Malawi geben sie ihrem Leben eine neue Perspektive und ein neues Ziel. Damit erfüllen sie aber auch den Willen Gottes, indem sie ihre Güte den Ärmsten der Armen erweisen.

So wird die neue Aufgabe zu einer wirksamen Praxis, die zwar die Trauer nicht auflöst, aber dem Frieden innerhalb der Trauer Zugang und Raum verschafft.

Land in Sicht

Viktor kann es einfach nicht glauben. Immer wieder betrachtet er sein Knie, es ist dick und schmerzt. Das Knie ist sein Schwachpunkt. Der Arzt rät zur Operation. Ausgerechnet jetzt. Der Zeitpunkt ist völlig ungünstig. Na ja, wann ist schon ein günstiger Zeitpunkt für eine Krankheit? Viktor ist aber besonders enttäuscht, denn er wollte nach Malawi fliegen und mit Arthur und Peter, zwei Mitarbeitern von TO ALL NATIONS, ein Grundstück für das neue Kinderdorf suchen. Was tun?

Gemeinsam kommt ihnen eine gute Idee: Willi Diener wäre die ideale Vertretung für Viktor.

Willi ist Mitglied der Immanuel-Gemeinde und Mitarbeiter des Missionswerkes TO ALL NATIONS. Vor allem aber ist der junge Mann ein guter Freund der Familie und gehörte auch zu Anitas Freundeskreis.

Rita und Viktor sind sich schnell einig: „Willi wäre der ideale Mann für dieses Vorhaben". Er ist ruhig, besonnen und verantwortungsbewusst. Außerdem hat er Auslandserfahrung. Erst vor kurzem ist er von Brasilien zurückgekommen. Er hat eine Gruppe junger Leute zu einem Missionseinsatz begleitet und über Monate dort betreut. Da er ohnehin für das TO ALL NATIONS arbeitet, wäre er ein gutes Bindeglied zwischen Gemeinde und Missionswerk.

Der Entschluss steht fest: Willi wird gefragt. Obwohl er erst seit kurzem wieder in Deutschland ist, sagt er zu. Am 10. März 2010 machen sich Willi Diener und Arthur Arngold auf den Weg nach Malawi.

Arthur ist der Mann, dem bei dem Einbruch im Kinderdorf die Gewehrkugeln über den Kopf hinweg flogen. Er ist also ein weiterer Freund von Anita, der ihr Anliegen und ihre Hingabe kennt und sich über das Engagement der Eltern freut.

In Malawi werden die beiden Männer von Peter Wiebe erwartet. Es ist der „Kinderdorfchef", der damals an das Tor gerufen wurde, als das kleine neugeborene Mädchen ankam, über das Anita die „Kückenlampe" aus dem Hühnerstall hielt. Anita sagte damals zu ihm und seiner Frau: „Wenn ich könnte, ich würde die Kleine auf der Stelle adoptieren." Heute ist Peter der Adoptivvater dieses Kindes.

Drei Männer, die Anita kannten und wichtige Erlebnisse mit ihr zusammen gemacht haben, werden sich auf die Reise durch das Land machen und ein Grundstück für das Projekt suchen, damit ihre Vision Wirklichkeit wird.

Peter hat alles gut vorbereitet. Da er auch als Evangelist tätig ist, hat er viele Kontakte zu einheimischen Pastoren, die er nun genutzt hat. Er breitet eine Liste vor den anderen aus. Es sind Anschriften von sechs Grundstücken, die ihm empfohlen wurden.

Eine weitere Liste mit Kriterien wird sie bei der Landsuche leiten. Folgende Punkte haben sie darauf festgehalten:

• Wasser
• Strom
• Sicherheit (Nachbarn, Polizei&)
• Krankenhaus
• Schulen
• Eine nicht allzu große Entfernung zum Kinderdorf Ntcheu.

Das Landstück darf nicht irgendwo in Malawis Busch sein. Die Kinder müssen die Möglichkeit haben, zu Fuß zur Schule zu gehen. Außerdem soll es ein Gebiet sein, in dem auch deutsche Missionare sicher leben können.

Es sind aber nicht nur die Listen, die sie auf ihrer Erkundungsreise leiten, im Gebt erbitten sie ganz bewusst Gottes Führung.
In den nächsten Tagen treffen folgende Nachrichten von Willi Diener per Email bei Grünwalds ein:

„…es ist eine große Offenheit unter der Bevölkerung und den Dorfoberhäuptern bezüglich eines Kinderdorfes zu sehen. Sie sind bereit, das nötige Land an das Projekt zu verschenken und somit einen Beitrag zu leisten. Jedoch befinden sich die vorgeschlagenen Projekte weit im Busch, wo weder Strom noch Wasser zu finden sind und wo auch die Voraussetzungen wie Krankenhaus, Polizeistation und eine Schule nicht erfüllt werden…"

Tage später: Es liegt bereits eine Standortanalyse und die entsprechende Landkarte vor.

Grünwalds schauen interessiert und auch etwas aufgeregt auf die Analyse und die Karte, dann schauen sie sich ratlos an. „Von hier aus kann man da gar nicht viel sagen", war Viktors Urteil. Rita fügte hinzu: „Aber beten können wir, dass die Männer vor Ort eine gute Entscheidung treffen."
Dann treffen weitere Nachrichten ein:

„…Da viele Kriterien von den angebotenen Orten nicht erfüllt wurden, hat sich die Auswahl der möglichen Standorte etwas reduziert. Eine Ortschaft hat sich als guter Standort herauskristallisiert: Mdeka! Wir sind uns einig, dass dieser

Ort die meisten Voraussetzungen für den Start eines Kinderdorfes erfüllt.

Um uns ein noch besseres Bild von Mdeka zu machen, werden wir das Land nochmals besichtigen und Pastor Muwalo wurde gebeten, dass zu diesem Besuch auch der Dorfälteste und die Waisenkinder der Umgebung mit ihren Verwandten eingeladen werden. Durch diese Vorgehensweise erhoffen wir uns, ein noch besseres Bild zu bekommen."

Dann kommen Emails, die die Herzen höher schlagen lassen.

„..es gibt über 100 Waisenkinder in 12 Dörfern im Umkreis von 10 km um Mdeka herum."

„...Jonathan Driesner und Mr. Akupunda haben das Land besichtigt und vermessen. Es werden bereits die ersten Skizzen erstellt und ein Mitarbeiter wurde ebenfalls gefunden, Pastor Baison hat sich bereit erklärt mitzuarbeiten."

Bei Grünwalds bricht Jubel aus! Nun wird es endgültig konkret!

Sechs Grundstücke haben Willi, Arthur und Peter besichtigt, viele Gespräche geführt und immer wieder miteinander gebetet. Nun ist die Entscheidung gefallen.

Mdeka ist zwar sehr ländlich, aber nicht weit von der Hauptstadt Blantyre entfernt. Diese Tatsache wäre besonders für Missionare aus dem Ausland nicht uninteressant. Außerdem wohnt dort bereits eine Familie, die auch zum Missionswerk gehört - Waldemar und Helene Löwen mit ihren beiden Mädchen. Das könnte besonders für die Anfangszeit hilfreich sein.

Das Grundstück in Mdeka grenzt an das Land der Sambesi Kirche, auch das ist ein großer Vorteil. Die Mitarbeit von Pastor Baison ist von unschätzbarem Wert. Stromleitungen sind vorhanden und auch eine Schule für die Kinder.

Ein Kriterium ist allerdings nicht ganz erfüllt, die Wasserversorgung. Die Menschen legen lange Wegstrecken zurück, um Wasser für den täglichen Bedarf heran zu schaffen. Die Stammesältesten und die Leute der Sambesi Kirche wissen aber, dass eine Bohrung und ein Brunnenbau die Versorgung möglich machen könnte. Die drei Deutschen sind optimistisch. „Das wird die erste Aktion hier, dann sieht man weiter", beschließen sie.

Die Entscheidung ist gefallen: In Mdeka entsteht das 5. Malo a Mcherezo Kinderdorf.

Gebet am großen Tisch

An der Wand ist ein Fischernetz mit Fotos von Menschen unterschiedlichster Nationen. In der Ecke stehen alte Koffer zum Zeichen des Aufbruchs. Vier Flaschen, die leicht erkennbar die altbekannte Flaschenpost darstellen sollen, stehen auf einem kleinen Regal. Ihre Botschaft ist nach außen gerollt, für jeden lesbar. In jeder Flasche sind nur ein oder zwei Worte, gemeinsam ergeben sie einen Satz: „Gehet hin in alle Welt!" Die Frontseite des Raumes nimmt eine große Weltkarte ein. Dem Fischernetz gegenüber befindet sich ein Regal mit Bibeln in verschiedenen Sprachen. - In diesem Raum schaut Weltmission aus jeder Ecke.

An einem großen, ovalen Tisch auf alten, etwas schäbigen Stühlen sitzen schon einige Leute und es kommen noch ein paar dazu. Rita Grünwald sitzt mittendrin.

Sie ist wieder in Bornheim bei TO ALL NATIONS. Der Raum ist das Konferenzzimmer der Mission. Ein Blick auf die Uhr zeigt ihr, dass es 10.45 Uhr ist. Die Stimmung ist gut. Es wird gescherzt und Alltagsgeschehen werden ausgetauscht. „Lasst uns anfangen", fordert einer der anwesenden Männer auf.

Sie lesen aus einem sogenannten Gebetskalender einige Anliegen, die für den Tag angegeben sind, dann teilen sie noch andere wichtige Informationen mit, die sie von Brasilien, Thailand, Portugal und der Ukraine erhalten haben. Gemeinsam hören sie auf die Bibeltexte aus dem Losungsbuch und dann wird für die Anliegen gebetet. Nach etwa 30 Minuten gehen wieder alle an die Arbeit.

Rita Grünwald genießt diese halbe Stunde. „Macht ihr das oft, dass ihr euch so zum Gebet trefft?", fragt sie eine Mitarbeiterin. „Jeden Tag", antwortet diese nickend. Dann fügt sie hinzu: „Wir machen es um diese Zeit, damit die Lehrer des Bibelseminar Bonn auch dabei sein können, die haben da große Pause. Das BSB und wir sind nämlich ganz eng miteinander verbunden. Wir sind ja auch unter einem Dach."

Es beeindruckt Rita, dass so ernsthaft für die aktuellen Gebetsanliegen gebetet wird. Im Stillen stellt sie sich vor, dass in wenigen Monaten an diesem Tisch auch Mdeka als Gebetsanliegen genannt wird. Als ob die Mitarbeiterin die Gedanken lesen kann, sagt sie: „Wir haben auch schon oft für das neue Projekt in Malawi gebetet und wir tun es weiter."

Rita Grünwald sieht sich in der Zusammenarbeit mit der Bornheimer Organisation bestätigt. Hier ist die Sache gut aufgehoben. Diese Mitarbeiter werden nicht nur die Gelder verwalten und mit ihrer Erfahrung dienen, sie werden im Gebet mittragen. Dann denkt sie an die vielen Fragen, die noch offen sind, und ist froh, dass an diesem großen Tisch in Bornheim, zu Hause in Wolfsburg und überall verstreut in Deutschland Menschen mit für Mdeka beten. Das macht ihr Mut und eine stille Freude breitet sich in ihr aus. Anitas Vision lebt in vielen Herzen weiter.

Die Mitarbeiterfrage

Rita Grünwald ist in der Anfangszeit immer wieder in Bornheim, dort wird sie in die Verwaltung der Patenschaften eingewiesen. Etwa 60 Personen haben zugesagt, eine Patenschaft zu übernehmen. Wenn das Projekt eröffnet ist und die ersten Kinder aufgenommen sind, werden sie sofort ihren Pateneltern zugeteilt und die bereits unterschriebene Patenschaft tritt dann in Kraft.

Während ihrer Besuche verbringt sie die Abende oft bei Mitarbeitern der Mission. So sitzt sie an einem Abend bei Arthur und Esther Arngold. Die beiden kehrten vor einiger Zeit aus familiären Gründen aus Malawi zurück und sind nun im administrativen Dienst für Malawi tätig.

Wenn sie bei ihnen im Wohnzimmer sitzt, fühlt sie sich ein wenig nach Malawi versetzt. Das bewirken zum einen die vielen Souvenirs aus Afrika, zum andern die lebhaften Berichte von Arthur.

An diesem Abend ist sie nicht der einzige Gast. Thomas, Johanna und Anika sind ebenfalls da. Es ist auch nicht einfach ein Plauderstündchen, sondern eine Besprechung.

Thomas, ein junger Mann aus Franken, war wie Willi Diener schon in Brasilien. Dort hat er im praktischen Bereich mitgearbeitet. Thomas erzählt: „Vor zwei Jahren hätte ich mir nicht vorstellen können, nach Malawi auszureisen. Allerdings habe ich lange Zeit gebetet, dass Gott mir seinen Weg zeigt. So kam ich nach Brasilien. Die Erfahrungen, die ich dort gemacht habe, werden mir in Malawi helfen. Ich wurde gefragt, ob ich die Bauleitung übernehme und ich weiß, dass das mein Weg ist."

Arthur erzählt einige Storys, die er beim Bau des ersten Kinderdorfes erlebt hat. Wahrscheinlich merkt Thomas jetzt, dass man einen Job in Malawi nicht im Detail festlegen kann und dass Malawi noch eine Nummer chaotischer als Brasilien ist. Das hält ihn aber nicht von seinen Plänen ab. Schon in wenigen Wochen wird er mit einer Gruppe aus Wolfsburg dorthin reisen und auch nach deren Abreise in Malawi bleiben.

Anika, Anitas Freundin, sitzt auch in der Runde. Alle wissen, dass sie oft mit Anita von einem Kinderheim geträumt hat. Wie Arngolds hat auch Anika schon viel Erfahrung im Kinderdorf gesammelt. Die gelernte Kinderkrankenschwester hat bereits fünf Malawieinsätze hinter sich. Die letzten drei Jahre verbrachte sie am Bibelseminar Bonn, dort wird sie im Herbst absolvieren. Sie weiß noch nicht, wie es dann weiter geht. Für alle ist aber irgendwie klar, dass Anika in das neue Projekt einsteigen wird. Es ist für alle klar, nur für Anika nicht. „Ich will nicht einfach gehen, weil Anitas Eltern dahinter stehen und auch nicht um unserer gemeinsamen Träume willen. Wenn, dann will ich wissen, dass es Gottes Wille ist."

Rita Grünwald weiß, dass sie gute und erfahrene Mitarbeiter für die Betreuung der Kinder brauchen, sie hätte so gerne, dass Anika eine dieser Mitarbeiterinnen wäre. Ihr ist aber auch klar, wie wichtig das Wissen ist, dass Gott ruft und sendet.

Es werden auch in Malawi Probleme, Unsicherheiten, Sehnsucht nach der Heimat, vielleicht sogar Krankheiten kommen, da ist die Gewissheit der Berufung von unschätzbarem Wert. Die Gewissheit, am richtigen Ort zu sein, gibt Kraft und Durchhaltevermögen. Unweigerlich gehen die Gedanken der Mutter zu Anita und Rita; sie waren sich sicher und diese Sicherheit will sie für die zukünftigen Mitarbeiter von Gott erbitten.

Die Quittenbäume tragen Früchte

Es ist wieder Juni, die schweren Geschehnisse liegen ein Jahr zurück.

Rita Grünwald und Maria Stumpp gehen still und in Gedanken versunken durch das Gelände der Bibelschule Brake. Jeden Weg, den sie gehen, und jeden Raum, den sie betreten, verbinden sie mit den Mädels. Hier haben die beiden die letzten drei Jahre ihres Lebens verbracht. Sie waren gerne in Brake, die Bibelschulzeit war eine besondere Station in ihrem Leben. An diesem Ort haben die beiden Veränderung erlebt und kamen Jesus näher. Rita Stumpp schrieb kurz vor ihrem Tod, im Mai 2009, folgendes auf einen Notizblock:

„Ich habe angefangen für die Examen zu lernen, seitdem erlebe ich die schönste Zeit meines Lebens (wie schon so oft). Ich danke dir, dass du dich mir zeigst und mir hilfst, ein erfülltes Leben zu führen. Ich könnte heute von dieser Erde gehen und nicht behaupten, dass ich etwas verpasst hätte, außer dass ich mehr hätte von dir erzählen sollen. Du hast mich gerettet!"

Rita Stumpp hat nicht nur Veränderung erlebt, ohne es zu wissen wurde sie innerlich auf den Abschied von dieser Welt vorbereitet.

Am 12. Juni 2010 nehmen die beiden Mütter an einer Gedenkfeier der Bibelschule teil. Es ist eine Feier mit ganz besonderer Geste. Auf dem Gelände wird ein Gedenkplatz für die beiden errichtet und zwei Bäume werden gepflanzt, Quittenbäume. Man wählte Quittenbäume, weil diese sehr schön blühen. Anitas und Ritas Gegenwart hat man in Brake als etwas Schönes, Blühendes empfunden. Quittenbäume tragen Frucht. Studienleiter Adam sagt: „... wir hoffen, dass auch durch das schreckliche Geschehen im Jemen Frucht entstehen darf."

Wir wissen nicht, ob im Jemen Frucht entstand, aber in ihrer Heimat Wolfsburg und darüber hinaus entstand durch ihr Zeugnis Frucht.

Maria Stumpp erinnert sich an den Brief einer anderen Mutter. Sie teilt ihr mit, dass ihre Tochter durch große Probleme ging, dann bei einer Freizeit in Brake Rita kennenlernte und durch sie Hilfe erfahren hat. Die Mutter schreibt: „... Rita war ein Segen für unsere Familie..." Das ist Frucht, die das kurze Leben von Rita überdauert.

Sonntag für Sonntag sitzt Viktor Grünwald neben seiner Frau in der Immanuel-Gemeinde, an manchen Tagen fährt er zu Anitas Grab oder an den Mittellandkanal, um still zu werden und mit Gott über das zu reden, was ihn bewegt. Das ist die Frucht der vielen, treuen Gebete seiner Tochter. Bei einem Gedenkgottesdienst in Wolfsburg steht eine junge Frau auf und bezeugt: „Ich glaube schon lange an Gott. Das hingegebene Leben von Anita und Rita rüttelte mich allerdings auf. Ich will mich Jesus ganz hingeben."

In Mdeka wurde ein Grundstück gefunden, auf dem bald Kinder ein neues Zuhause finden würden. Angeregt wurde dieses Projekt durch das selbstlose Leben der beiden jungen Frauen.

In wenigen Tagen wird das erste Wolfsburger Einsatzteam nach Malawi aufbrechen, Viktor und Steven Grünwald werden dabei sein. Hätte Anita das gedacht?

Als die beiden Quittenbäume gepflanzt werden, tragen sie bildlich gesprochen schon Frucht.

Zu Lebzeiten war Anita einmal mit einer ihrer Freundinnen in Wolfsburg unterwegs. Sie schaute zu den Menschen, die an ihr vorbei eilten und meinte: „Lena, wenn ich sterben würde, dann wäre ich sicher, dass ich drei Monaten später vergessen bin." Sie und ihre Cousine sind nicht vergessen, was sie aus Liebe zu Jesus taten, lebt weiter und gibt vielen anderen Menschen eine Spur, in die sie treten können.

Kapitel 4

Wasser für Mdeka

Endlich geht es los

Es ist Samstag, der 2. Juni 2010, kurz vor 14.00 Uhr. Auf dem Hauptbahnhof in Wolfsburg ist etwas los. In Kürze wird der Zug von Berlin nach Frankfurt einfahren. Eigentlich nichts Besonderes. An diesem Samstag bietet sich den Passanten vor dem Bahnhof allerdings ein ungewöhnliches Bild.

Eine große Gruppe hat sich dort versammelt und es stoßen immer noch mehr Leute dazu. Einige haben riesige Gepäckstücke dabei. Sie sehen aus, als würden sie auswandern. Andere scheinen nur Begleitung zu sein. Es herrscht eine frohe Stimmung. Eine Frau wischt sich dennoch verstohlen eine Träne aus dem Augenwinkel. Ist es Abschiedsschmerz oder mehr Rührung? Wahrscheinlich von beidem ein wenig, denn für Rita Grünwald ist es ein besonderer Tag.

Nun eilt ein großer Mann über den Bahnhofsvorplatz. Er sieht nicht nach großer Reise aus, scheint aber eine wichtige Person zu sein. Er klopft einigen Jungs auf die Schulter, schaut das Gepäck der Leute an und macht hier und da einen Scherz. Alle freuen sich, dass er gekommen ist. „Viktor, alles klar? Kann es losgehen?", fragt er Viktor Grünwald und erwartet keine gegenteilige Antwort.

Dann hält er die Hand winkend hoch und sagt mit lauter Stimme: „Kommt her, lasst uns hier als Gruppe zusammenstehen." Alle kommen näher. Sie gehorchen ihrem Pastor und wissen eigentlich auch schon, was er will. „Lasst uns miteinander beten und Gott um Segen für die Reise und den Einsatz in Malawi bitten", fordert Johann Dokter die Leute seiner Gemeinde auf.

Mit gesenkten Häuptern stehen sie da und beten. Vorbei eilende Passanten werden auf die Gruppe aufmerksam und werfen ihnen fragende, verwunderte Blicke zu. Die Leute um Johann Dokter herum stört das nicht, ihnen ist es wichtig, diese Reise noch einmal Gott anzubefehlen. Sie erbitten Bewahrung und Segen für das Vorhaben in Malawi. Sie beten nicht zum ersten Mal dafür, nein, sie haben in den letzten Wochen viel dafür gebetet. Zu einem bewussten Abschied von ihren Freunden gehört dieses Ritual dazu. Es ist allerdings viel mehr als ein Ritual, es ist das bewusste Wahrnehmen der Gegenwart Gottes und ein Zeichen ihres Vertrauens.

Die Zeit verstreicht. Einige blicken unruhig zur Bahnhofsuhr hinüber. Irgendeiner aus der Gruppe winkt nun dem Fahrer eines VW-Busses zu. „Kloninger ist da", flüstert ein anderer. Als ein Mitreisender zu Ende gebetet hat, spricht Johann Dokter ein lautes Amen und damit kommt Bewegung in die Gruppe.

Einige schnappen die Gepäckstücke und eilen zu dem Bus der Kloningers. Andere laufen zu ihren Autos und holen noch mehr Gepäck. Alles wird wohl geordnet in den VW-Bus gestapelt, jede Ritze wird ausgenützt. Endlich ist alles drin.

„Wir sehen uns in Frankfurt!" rufen sie dem Fahrer zu. Dann rollt der beladene Wagen über den Parkplatz in Richtung Autobahn und bringt das Gepäck zum Flughafen. „Wie gut, dass ihr das nicht alles mitschleppen müsst. Ihr habt aber auch Unmengen von Gepäck ", meint eine Begleitperson. Eine Mitreisende lacht und kontert: „Wir würden mit dem Gepäck gar nicht in den Zug gelassen. Immerhin hat jeder zwei Koffer, einen für sich und einen mit Geschenken und Material für die Kinderheime."

Inzwischen haben sich schon alle auf den Weg zum Bahnsteig gemacht. Es wird auch höchste Zeit. Kaum dort angekommen, hören sie auch schon, dass ihr Zug angesagt wird. Wieder kommt Bewegung in die Gruppe. Es werden gute Wünsche ausgesprochen, die letzten Ratschläge erteilt und Grüße an die Missionare in Malawi mitgegeben. Wieder hören sie die Stimme aus dem Lautsprecher und dann fährt der Zug auch schon ein.

Die Abschiedsszene ist noch voll im Gang, als der Zug zum Stehen kommt. Schnell noch eine letzte Umarmung, dann heißt es einsteigen, die Reise in das ferne Afrika beginnt.

Die Zurückgebliebenen winken, das Tempo des Zuges beschleunigt sich mehr und mehr und der Bahnhof liegt schon bald hinter dem ICE und seinen Reisenden.

Rita Grünwald steht noch immer und schaut dem langen Zug hinterher. Sie holt ein Papiertaschentuch aus der Hosentasche und wischt sich ein paar Tränen aus den Augen. Es sind definitiv nicht nur Abschiedstränen, sondern auch Tränen der Rührung.

Sie fühlt sich wie eine Träumende. 16 Personen ihrer Gemeinde sitzen in dem Zug und werden in wenigen Stunden von Frankfurt aus nach Malawi fliegen. Unter ihnen sind auch ihr Mann Viktor, ihr Sohn Steve und ihr Bruder Otto. Sie wollen beim Baubeginn des Kinderdorfes dabei sein.

Vor einem Jahr hätte sie das noch nicht zu denken gewagt, dass ihr Mann und ihr Sohn nach Malawi fliegen. Damals waren die Junitage dunkel und schwer. Wie viel Veränderung ist doch seitdem geschehen. Auch wenn die Sehnsucht nach Anita und Rita groß ist, es kam ein neuer Lichtstrahl in ihr Leben. Trotz des Verlustes und der ungeklärten

Fragen haben sie Gottes Liebe erfahren und nun können sie nicht anders, sie müssen diese Liebe weiter geben, Anitas und Ritas Zeugnis hat sie motiviert.

Sie eilt zur Treppe und verlässt dann mit den anderen den Bahnhof.

Malo A Mcherezo

Viktor schaut gebannt aus dem kleinen Flugzeugfenster, unter ihnen ist kahles Land und rotbraune Erde zu sehen - Malawi.

Beim Aussteigen lässt er seinen Blick über das Flughafengelände hin zum Gebäude schweifen und nimmt sofort, in den ersten Minuten seines Aufenthaltes, den unübersehbaren Unterschied zu seiner Heimat wahr: Hitze, kahles Land, ein ärmliches Flughafengebäude und alles ist irgendwie ungeordnet, nicht organisiert.

Nun gilt es, auf das Gepäck zu warten. Er winkt Steve zu sich, der schon wieder bei einigen Jugendlichen steht. „Bleib mal hier, ich kann mit denen kein Wort reden", fordert er seinen Sohn auf. Der lacht und hofft, dass er das Englisch der Malawianer versteht. Die Worte, die bisher an seine Ohren dringen, machen ihm nämlich klar, dass die Aussprache und der Akzent sehr gewöhnungsbedürftig sind.

Nun geht ein Raunen durch die Gruppe, einige winken. Da entdeckt auch Viktor den weißen Mann oben auf der Besucherterrasse. Es ist ein Mitarbeiter aus dem Kinderdorf, der sie abholt. Alle freuen sich, ihn zu sehen, es ist einfach ein gutes Gefühl zu wissen, dass sie abgeholt werden und in diesem fremden Durcheinander nicht alleine zurechtkommen müssen.

Kaum haben sie den Mitarbeiter begrüßt, da folgt auch schon der nächste Akt: Das Gepäck muss verstaut werden. Jeder hat zwei Koffer, einen mit seinen persönlichen Sachen und einen mit Geschenken, Medikamenten, Verbandmaterial und anderen Dingen, die für das Kinderdorf wichtig sind. Und natürlich hat jeder auch noch Handgepäck, Rucksäcke, Laptoptaschen und, und, und. Dann sehen sie die Autos und fragen sich, wie das Gepäck da rein passen soll. Im Stillen wünschen sie sich Kloningers VW-Bus herbei. Der Mitarbeiter lacht und ruft ihnen fröhlich zu: „Willkommen in Afrika! Hier reist man auf besondere Weise."

Die großen Koffer kommen auf das Dach, Rucksäcke und Taschen unter die Sitze und auf den Schoß. Als alle wie Sardinen in der Dose im Minibus sitzen, geht die Reise los.

Sie sind in der Hauptstadt in Lilongwe gelandet. Etwa vier Stunden Fahrt bis nach Nchteo liegt vor ihnen.

In Lilongwe ist viel los. Ein verwirrender und ohrenbetäubender Verkehr umgibt sie. Man könnte meinen, dass die Hupe das wichtigste Teil am Auto ist, so häufig und kräftig wird sie benutzt.

Als die Stadt hinter ihnen liegt, wird es ruhig auf der Straße. Kilometerweit nur kahle Landschaft. Irgendwoher kommt plötzlich eine kleine Gruppe. Es sind Frauen mit riesigem Gepäck auf dem Kopf. „Wir sind in der Nähe eines Marktes", ruft der Fahrer nach hinten.

Ziegen laufen über den Weg. Viktor reckt sich und schaut belustigt zu den mageren Tieren, die ihren Bus aufhalten. Steve lacht ebenfalls.

Der Markt ist erreicht. Ein buntes Durcheinander bietet sich ihren Augen. Schmutzige Kinder bieten irgendwelche Früchte an. Lebendige Hühner werden verkauft. Ein unbeschreiblicher Geruch durchdringt die Luft. Einige rümpfen die Nase, ein Wolfsburger Mädchen stöhnt ein wenig und sagt leise: „Daran muss ich mich erst gewöhnen." Viktor und Steven fühlen sich wohl. Unabhängig voneinander denken sie: ‚Hier könnte ich leben'.

Dann halten die Autos bei einer Tankstelle an, zumindest sieht es so ähnlich wie eine Tankstelle aus. Der Mitarbeiter ruft: „Wir tanken und ihr könnt dahinten zur Toilette." Dann schaut er Steve und Viktor an: „Das ist Anitas Tankstelle. Hier mussten wir anhalten, weil sie fand, dass hier die sauberste Toilette auf dem Weg ist." Sie schmunzeln.

Als sie das besagte Örtchen sehen, finden sie, dass es eine sehr gewöhnungsbedürftige Toilette ist. Noch ahnen sie nicht, wie gut sie Anita noch verstehen werden und den Luxus dieses Örtchens zu schätzen lernen.

Sie setzen die Reise fort und mit jedem Kilometer wird die Straße ausgewaschener, holpriger und die Fahrt zu einer Schüttelpartie. Die Hütten werden kleiner und immer armseliger. Kinder spielen im Staub, Frauen tragen Wassereimer auf ihren Köpfen. Das Land ist ausgetrocknet und wirkt unfruchtbar. Armut, soweit das Auge reicht.

Als die Sonne sinkt und sich der Himmel über Afrika rot färbt, erreichen sie Ntcheo. „Gleich haben wir es geschafft", ruft der Fahrer und biegt in eine einsame Straße ein. Sie lassen das Dorf hinter sich. Bald umgibt sie nur trockenes, kahles Land und jeder fragt sich, wo da ein Kinderdorf sein soll. Doch dann funkeln nicht weit von ihnen entfernt ein paar schwache Lichter. Wenige Minuten später haben sie ihr Ziel erreicht.

Der Minibus hält an dem Tor, das sie alle von Anitas Fotos kennen. Mit großen, bunten Buchstaben steht hier: MALO

A MCHEREZO. Jeder in der Gruppe kennt die Bedeutung der Worte: Ort der Geborgenheit.

Viktor und Steve sind innerlich bewegt. Das ist der Ort, an dem Anita so glücklich war. Wenn die Sonne wieder aufgegangen ist und sie sich von der langen Reise ausgeruht haben, dann werden sie das Kinderdorf und die nahe Umgebung erkunden. Jetzt sind sie einfach nur froh, dass sie gut angekommen sind.

Als sie in ihren Betten liegend den Tag Revue passieren lassen, ziehen die armseligen Hütten, das karge Land, die beladenen Frauen und die Kinder mit ihren aufgeschwemmten Bäuchen an ihnen vorbei. Wie gut, dass es MALO A MCHEREZO - den Ort der Geborgenheit - gibt.

Kinderdorfleben

Ein Hahn kräht, Hunde bellen und von Ferne hören sie das Muhen einiger Kühe, - das Leben vor ihren Fenstern hat begonnen. Sie drehen sich nochmals in ihren Betten um, vergeblich! Nun hören sie Kindergeplapper und Gesang. Bei diesen Geräuschen halten sie es nicht mehr im Bett aus. Ein Blick durch das Fenster verrät ihnen, dass einige Kinder über den Hof rennen. Mit ihren Taschen sehen sie so aus, als gingen sie zur Schule. Einige andere kommen durchs Eingangstor spaziert und gehen zielgerichtet auf eines der Häuser zu.

Das Leben im Kinderdorf muss man erst verstehen lernen. Deshalb ist es gut, dass nach dem Frühstück eine Führung stattfindet.

Peter geht mit der Gruppe über das Gelände und führt sie zu einigen einfachen, aber guten und sehr ordentlichen Häusern. „Das sind unsere Kinderhäuser. In jedem Haus wohnt eine afrikanische Frau und einige Waisenkinder. In den Häusern sind jeweils ca. 15 Personen untergebracht", erzählt er.

Kaum haben sie das erste Haus betreten, da schaut auch schon ein Mädchen schüchtern um die Ecke. Zwei kleinere folgen ihr und schauen die weißen Leute neugierig an. „Es sind nicht viele Kinder da, die meisten sind gerade in der Schule", erklärt der Mitarbeiter und natürlich will gleich jemand wissen, wo die Schule ist. „Nicht hier, zu unserem Projekt gehört keine Schule, die Kinder gehen in die Schule, die hier in der Gegend ist", lautet die Antwort.

Viktor und Steve schauen auf die paar Häuser. Der Mitarbeiter hat ihnen vermutlich angesehen, dass sie im Geiste ausrechnen, wie viele Kinder man da unterbringen kann. Er gibt die Antwort, noch bevor sie fragen: „Wir haben viel mehr Kinder. Die meisten wohnen bei Verwandten. Sie sind zwar alle Vollwaisen, wenn sie aber noch Großeltern oder irgendwelche Verwandte haben, dann wohnen sie dort. Auf diese Weise bleiben das soziale Netz und die Identität erhalten. Die Kinder bekommen hier Essen, Kleidung und Medizin, das entlastet die Angehörigen, die selbst kaum genug zum Leben haben." Das leuchtet allen ein.

Sie gehen an den Stallungen vorbei. Schweine, Kühe, Rinder, Ziegen gehören zum Bestand. „Wir haben hier im Kinderdorf unser eigenes Fleisch und können die Kinder nicht nur mit Reis, Nsima (Maisbrei) und Gemüse, sondern auch regelmäßig mit Fleisch versorgen", erklärt Peter voll Stolz. Dann zeigt er die „Molkerei", einige Räume, die sehr einfach ausgestattet sind und zur Milchverarbeitung und Herstellung von Joghurt dienen.

Nun wird es für die Männer interessant, sie gehen nämlich zur Schreinerei. Hier werden die älteren Jungs des Kinderdorfes angeleitet und lernen mit Holz umzugehen.

Der Weg führt dann weiter zu einer kleinen Krankenstation, die der Mitarbeiter sehr selbstbewusst Krankenhaus nennt. „Wir sind froh, dass wir das Krankenhaus haben", sagt er, öffnet die Tür und zeigt mit ausholender Handbewegung auf die Räume. „In diesem Zimmer werden die kranken Kinder behandelt, Wunden verbunden und was so anfällt. Die HIV-infizierten Kinder kriegen hier ihre Medizin". Das Kürzel HIV sitzt. Alle Kinderdorfromantik macht hier der harten Realität Platz. Dann zeigt der Mitarbeiter noch einige einfach ausgestatteten Krankenzimmer. „Hier bringen wir Kinder unter, die stärker erkrankt sind und mehr Pflege brauchen, als sie in den Kinderhäusern kriegen können, auch Kinder, die bei ihren Verwandten wohnen, werden hier untergebracht, wenn sie krank sind."

Es ist Mittag, als sie den Rundgang beenden. Viktor denkt über die Eindrücke nach und überlegt dabei schon, wie das neue Kinderdorf werden soll.

Dann geht es zum Mittagessen. Neben einem großen Gebäude haben Frauen in riesigen, dampfenden Kesseln gekocht. Lachend und singend stehen die Kinder, die inzwischen aus der Schule gekommen sind, Schlange. Jeder hat einen blauen Plastikteller in der Hand. Mit großen Kellen erhalten sie eine riesige Portion Nsima (Maisbrei) und dazu ein Gemüse mit etwas Fleisch. Keines der Kinder hat ein Besteck, das brauchen sie auch nicht, sie nehmen die Hände zum Essen und sitzen auf dem Fußboden. Das ist nur für die Gäste aus Deutschland verwunderlich, für die Kinder ist es normal, es gehört zu ihrer Kultur.

So nimmt die Gruppe ihr erstes Mittagessen in Malawi auf landesübliche Art ein; das kostet etwas Überwindung, ist aber dennoch ein Erlebnis.

Zur Gruppe gehört auch Otto, einer von Rita Grünwalds Brüdern. Viktor spricht oft mit seinem Schwager und immer wieder bewegt sie die Frage, wie das alles in dem neuen Kinderdorf werden soll. Beim Anblick des großen Betriebes mit über 100 Kindern scheint Viktor das Vorhaben, ein Projekt aufzubauen, beinahe eine Nummer zu groß. Dieses Projekt hier besteht nicht aus ein paar Häuschen, in denen die Kinder wohnen, hier ist ein landwirtschaftlicher Betrieb mit Molkerei, eine Schreinerei, ein kleines Haus für die medizinische Versorgung und, und, und. Otto beruhigt seinen

Schwager: „Dieses Kinderdorf ist schon einige Jahre alt. Da kam ein Gebäude nach dem andern, es entstand nicht alles auf einmal." Stimmt, die Arbeit muss wachsen, wichtig ist nur, dass sie begonnen wird und dafür sind sie hier.

Ein besonderer Freund

Große dunkle Augen schauen Viktor an. Es ist ein kleiner Junge, der schon eine ganze Weile um ihn herum schleicht. Seine Augen schauen offen und neugierig in die Welt und sein Lächeln weist auf seine Suche nach Kontakt hin. Beim zweiten Blick ist es um das Herz des Mannes geschehen. Sam hat ihn im Sturm erobert.

Die Wolfsburger Gruppe ist noch immer im Kinderdorf in Ntcheu, dort sollen sie erst einmal die Struktur kennenlernen und bei den alltäglichen Abläufen mitarbeiten. Dann wollen sie nach Mdeka.

Wie könnte es auch anders sein, Viktor Grünwald hat bereits Hand angelegt. Auf diesem Gelände sieht er hundert und noch mehr Dinge, die man reparieren und ausbessern sollte. Er und sein Schwager Otto sind ein gutes Team. Ganz gleich, was sie tun, immer wieder taucht stillschweigend Sam bei ihnen auf.

Eines Tages fahren sie nach Dombole, einem weiteren Kinderdorf, das zur gleichen Organisation gehört. Sam schaut ihnen traurig hinterher. Vielleicht kann er die Situation nicht richtig einschätzen und ist sich nicht sicher, ob die Männer wiederkommen. Sie können es ihm auch nicht wirklich klar machen, die Verständigung ist schwierig und geht vorwiegend mit Händen und Füssen.

Viktor ist sehr auf Dombole gespannt, schließlich ist es der Ort, der immer wieder in Anitas Tagebuch erwähnt wird.

Als die dortige Leiterin erfährt, dass er Anitas Vater ist, will sie unbedingt mit ihm sprechen. Wie gut, dass Steve übersetzen kann.

Mit Tränen in den Augen erzählt sie, dass Anita viele Kilometer in der glühenden Hitze auf dem Fahrrad zurückgelegt hat, um nach Dombole zu kommen. Dort hat sie die Kranken behandelt und überall mitgeholfen, wo Not war. Viktor und Steve spüren die Dankbarkeit und Wertachtung der Leiterin. Sie hat die Erinnerung an Anita liebevoll in ihrem Herzen bewahrt. Die Begegnung ist bewegend, tut aber auch gut.

Als sie nach Ntcheu zurückkommen, taucht auch Sam sofort wieder bei ihnen auf. Er ist sichtlich erfreut, sie wiederzusehen.

Da die Sonne bald untergehen wird, drängelt Otto Stumpp: „Komm, Viktor, lass uns Gras für die Tiere holen." Viktor ist gerne bereit dazu. In kürzester Zeit ist das zu ihrer täglichen Arbeit geworden. Als sie aufbrechen wollen, schließt Sam sich wortlos an. Otto schmunzelt: „Na, da hast du ja einen neuen Freund gefunden." Anitas Vater wuschelt dem kleinen Kerl das kurze krause Haar und erntet dafür ein strahlendes Lächeln. Die beiden mögen sich, das ist deutlich zu spüren.

Im Kinderdorf gilt die Regel, dass man einzelnen Kindern keine Geschenke macht. Bei Sam kann Viktor nicht anders. Im Koffer hat er noch einen Schokoladenriegel. Als sie vom Gras holen zurück sind, nimmt er den Jungen zur Seite, setzt ihn neben sich auf ein Mäuerchen und reicht ihm den Riegel.

Was dann geschieht, ist laut Viktor der Hammer. Der Kleine wiegt den Riegel in der Hand, schaut fragend darauf. Dann zeigt er auf den Riegel und dann auf sich. Sofort versteht Viktor die Zeichensprache und gibt ihm auf die gleiche Weise zu verstehen, dass er ihm den Riegel schenkt. Nun packt Sam den Schokoriegel aus, als wäre es ein Weihnachtsgeschenk. Dann leckt er daran, strahlt und beginnt endlich genüsslich zu essen. Viktor ist berührt, es ist unglaublich, was ein Schokoriegel auslösen kann.

Einige Wochen später, zu Hause in Deutschland, entdeckt er etwas ganz Erstaunliches: Sam ist immer wieder mit Anita zusammen auf Fotos zu sehen. Eines Tages spricht Viktor Anika darauf an. Sie bestätigt, dass auch Anita eine besondere Beziehung zu Sam hatte. Der Vater ahnt nun noch mehr, was die Tochter empfunden hat. Er hat die Liebe, Anhänglichkeit und Dankbarkeit von Sam und den anderen Kindern gesehen, gespürt, erlebt, das war es, was Anitas Leben so sehr erfüllt hat. „Ich bin von lauter Schätzen umgeben!", so hat sie es in ihrem Tagebuch festgehalten. Sam, sein neuer Freund, war einer dieser Schätze.

Wasser macht alles möglich

Für die Wolfsburger ist das Hauptziel der Malawireise Mdeka, der Ort, wo das neue Kinderdorf, Malo a Mcherezo 5, entstehen soll.

Endlich ist der Tag gekommen, die Gruppe reist in die Nähe von Blantyre. Unweit von dieser großen Stadt wurde ein Grundstück gefunden, man hofft, dass es sich für das neue Projekt eignen wird. Diese Gegend wurde gewählt, weil es dort noch kein Kinderdorf gibt, die Notwendigkeit ist also besonders dringlich.

Etwa zwei Stunden fahren sie über holprige, staubige Straßen. Bei jedem Stopp sind sie sofort von Menschen umgeben. Sie sind eben Asungus, Weiße in Afrika, sie fallen auf. Die Menschen halten alle Ausländer für reich und wollen deshalb Geschäfte machen. Sie bieten Früchte, Holzspielzeug, Ketten, Stoffe und viele andere Dinge zum Kauf an.

Es fällt den Deutschen schwer, nein zu sagen. Die Verkäufer erzählen ihnen sehr rührselige Geschichten von hungernden Kindern, kranken Müttern und kaputten Häusern, denn Mitleid macht bekanntlich kaufwillig. Die Strategie funktioniert. Die Leute aus Niedersachsen kaufen Souvenirs und Geschenke. So manch einer kauft schon im Juni Weihnachtsgeschenke und zahlt für afrikanische Verhältnisse viel zu viel, dafür hat er nun einen Freund unter den Händlern.

Endlich erreichen sie ihr Ziel. Niemand hat Lust, lange in der Unterkunft zu bleiben, sie wollen das Grundstück sehen. Mit Bauleiter Thomas, den Verantwortlichen aus Ntcheu und einem Architekten gehen sie über das Gelände.

Sie lassen sich die Pläne und die vorgesehenen Bauabschnitte erklären.

Viktor ist von dem Grundstück begeistert. Er kann sich gut vorstellen, dass hier Kinder ein schönes Zuhause finden. Die Gegend wirkt sicher und nicht so abgeschieden. Es gibt Strom und mit der Sambesi Kirche haben sie eine gute Nachbarschaft. Nur eine Sache macht ihm Kopfzerbrechen: Wasser. Nein, man kann den Mitarbeitern nicht zumuten, das Wasser den weiten Weg zu schleppen. Die Gruppe beruhigt ihn: „Lass uns die Bohrung abwarten, vielleicht können wir ja einen Brunnen bauen."

Voll Spannung bricht die Gruppe am anderen Tag zum Grundstück auf. Von der Bohrung hängt so viel ab. Nur wenn eine Quelle vorhanden ist, eignet sich das Grundstück für das Kinderdorf.

Erwartungsvoll stehen sie da und blicken auf die holprige Straße, aber das so sehr erwartete Auto mit dem Bohrungsteam ist nicht in Sicht. Stunde um Stunde warten sie. Nun erkennen die Wolfsburger, dass die Uhren in Afrika anders ticken als zu Hause in Deutschland. Anstatt des Teams erreicht sie die Nachricht, dass jemand gestorben ist und das Team deshalb nicht kommen kann.

Am nächsten Tag warten sie wieder und wieder bekommen sie das Team nicht zu sehen, erfahren aber, dass sie am andern Tag kommen. Ihre Geduld wird sehr strapaziert. Das hatten sie sich anders vorgestellt. Sie fragen, ob man nicht ein anderes Team holen oder die nötigen Instrumente ausleihen und die Bohrung selber durchführen könne. Alex lacht und erinnert die Leute: „Ihr seid in Afrika! Hier kann man kein Gerät leihen und wo ich ein anderes Team herkriege, weiß ich auch nicht. Lasst uns beten. Ich bin sicher, morgen klappt es."

Am dritten Tag wagen sie kaum noch mit dem Team zu rechnen, aber Alex hatte recht: Sie kommen! Endlich hat die Warterei ein Ende. Das Bohrungsteam ist da, es kann losgehen. Dreißig Stellen sollen angebohrt werden. Spannung breitet sich aus. Plötzlich fängt es an zu sprudeln, erst zaghaft, dann spritzt ein kräftiger Strahl kraftvoll in die Höhe. Die Afrikaner klatschen, hüpfen, lachen und jubeln. Wasser! Leben! Die Männer aus Niedersachsen freuen sich mit den Afrikanern über das Wasser und wissen nun: Es ist das richtige Grundstück!

Die Menschen, die in der Nähe des zukünftigen Kinderdorfes wohnen, freuen sich mit, auch für sie bedeutet die Quelle Erleichterung. Auf das Team aus Wolfsburg springt die Freude immer mehr über. Sie fühlen Dankbarkeit für etwas, das zu Hause selbstverständlich ist.

Einer der wichtigsten Schritte auf dem Weg zum Kinderprojekt ist nun erfolgreich getätigt. Zum Schutz der Wasserpumpe können einige Männer aus der Gruppe auch die ersten Mauerarbeiten um die Pumpe herum tätigen, damit die vorgefertigte abschließbare Abdeckung auch angebracht werden kann. In die Betonplatte gravieren sie folgende Worte:

„Anita & Rita
Aus Liebe zu Jesus!"

Das Projekt ist den beiden jungen Frauen gewidmet und soll aus Liebe zu Jesus entstehen.

Der Architekt zeigt nun die Pläne und erklärt das Bauvorhaben. Das Fernziel ist ein Kinderdorf für 100 Kinder. Voll Spannung schauen sie auf die Pläne. Es ist Juni. Im November, also noch vor Weihnachten, sollen die ersten 10 Kinder aufgenommen werden.

Das Wasser ist da, dann wird auch alles andere möglich werden.

Anitas Vision lebt in Mdeka

*Malo A Mcherezo – Ort der Geborgenheit,
ein Zuhause für Kinder, die bisher keine Liebe kannten.*

Willkommen in Malawi!

(Foto: Koschel)

Von links nach rechts: Otto Stumpp, Steve & Viktor Grünwald

Ritas & Anitas Namen in der Betonplatte des Brunnens

Die Wolfsburger Gruppe, die zur Zeit der Bohrung in Malawi war.

(Foto: Koschel)

Heute genießen die Kinder und Mitarbeiter das fließende Wasser .

Ein gemeinsamer Freund

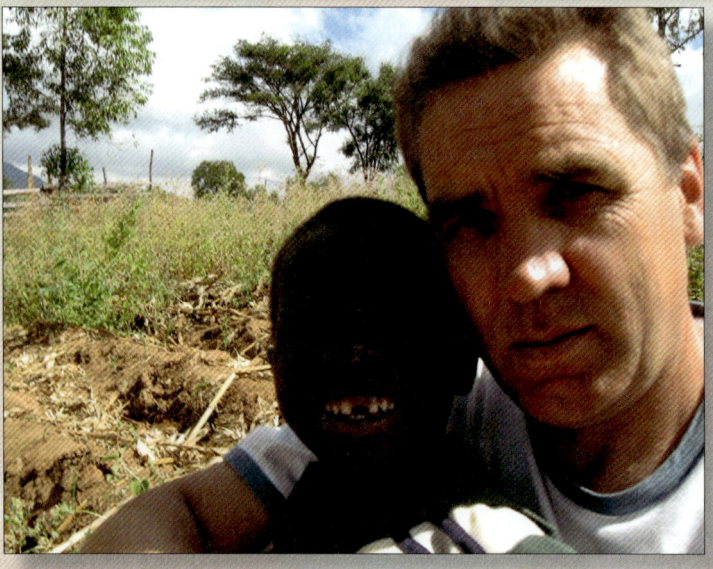

Sam, der kleine Junge, der zuerst Anitas und später Viktors
Herz erobert hat.

Malo A Mecherzo 5 entsteht

(Foto: Koschel)

Kinderdorfleben

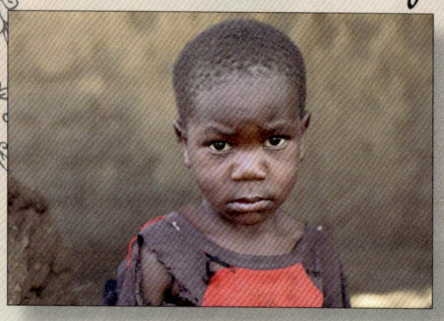

Blessings vor der Aufnah-
me in das Kindedorf

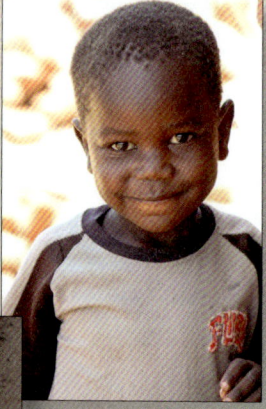

Blessings einige
Monate später

Anika und Maria Stumpp bei der Be-
handlung einer kleinen Patientin.

(Foto: Koschel)

Glückliche Kinder in Mdeka!
Wenn Anita und Rita sie sehen könnten,
sie würden sich freuen.

Kapitel 5

Gerufen und gesendet

Gott ruft

Sie ist gerne mit Menschen zusammen, interessiert sich für deren Fragen und Nöte und die Belange der Mission liegen ihr sehr am Herzen. Deshalb ist sie eigentlich die richtige Person für ihren Job. Der ganze Bürokram ist allerdings nicht so ganz ihr Ding. - Johanna arbeitet schon einige Zeit bei TO ALL NATIONS, sie ist für die Betreuung der Zivildienstleistenden und Kurzzeit-Einsatzteilnehmer zuständig. Im Missionswerk fühlt sie sich wohl und ist von den anderen Mitarbeitern geschätzt. Dennoch fragt sie sich schon seit einiger Zeit, ob das wirklich weiterhin ihr Platz ist. Es ist Unsicherheit und auch ein wenig Unzufriedenheit in ihr, die sie mal mehr, mal weniger bewegt.

Mit ihrer Freundin in der Wohngemeinschaft ist sie darüber im Gespräch, findet aber weder Klarheit noch Ruhe. Über Monate hinweg bespricht sie ihre Zukunftsfrage mit Gott.

Eines Tages zieht sie sich zurück und verbringt viel Zeit im Gebet und mit dem Lesen der Bibel. Als sie am Abend in ihr Bett geht, ist sie allerdings genauso schlau wie vorher. Sie geht am anderen Tag wie gewohnt zur Arbeit und erwartet eigentlich nichts Besonderes.

Das Büro teilt sie sich mit einer weiteren Mitarbeiterin der Mission und mit Arthur Arngold, der schon wieder einige Wochen von der Erkundungsreise aus Malawi zurück ist. Manchmal erinnert der kleine Raum an einen Bahnhof, es ist ein ständiges Kommen und Gehen, weil alle möglichen Leute Auskünfte brauchen, Geschenke für Patenkinder abgeben oder sich nach Visa und Flugtickets erkundigen.

Irgendwann ist sie mit Arthur allein im Büro. Er gibt seinem Drehstuhl einen leichten Schwung und dreht sich dabei zu Johanna hin: „Könntest du dir vorstellen, in dem neuen Projekt in Malawi, in Mdeka, mitzuarbeiten?", fragt er ohne Umschweife. „Was meinst du?", fragt seine Kollegin verwundert. Nun erklärt er ihr, dass sie dringend Mitarbeiter für die Kinderbetreuung brauchen.

Für die junge Frau ist das Projekt nicht fremd. Als Mitarbeiterin der Mission hat sie die Entwicklung bis hierher mitverfolgt. Malawi ist ihr auch nicht fremd. Ihre Eltern waren dort einige Jahre tätig, als sie noch Kind war. Vor einigen Jahren war sie zu einem Missionseinsatz im Kinderdorf in Ntcheu, dort lernte sie auch Anita kennen.

Sie schaut hinüber zu ihrem Computer, zu dem kleinen Foto, das dort hängt und die strahlende Anita zeigt. Sie hatten sich angefreundet.

Arthur erzählt ihr von den Zielen, die sie haben, und von den Arbeitsbereichen, die auf sie warten würden. Während sie zuhört, breitet sich eine innere Klarheit in ihr aus. ‚Malawi, die Arbeit unter Kindern, das ist es.' In diesem Moment wusste sie, dass Gott ihre Gebete erhört hat und ihr den nächsten Schritt auf ihrem Lebensweg gezeigt hat. Sie hätte doch längst selbst darauf kommen müssen, es ist eigentlich alles so nahliegend. Nein, sie sollte gar nicht von allein darauf kommen, sie sollte den Ruf und die Gewissheit von Gott erbeten, nur so kann sie sicher sein, dass sie nicht um Anitas willen geht.

Wenige Tage später spricht sie mit ihren Eltern. Sie erwartet Einwände, weil sie weiß, wie gerne die Eltern ihre Familie zusammenhalten. Außerdem kennen die Eltern Malawi und sie kann sich vorstellen, dass sie ihr das beschwerliche

Leben ersparen wollen. Welch eine Überraschung: Es kommen keine Einwände. Ihre Eltern, ja die ganze Familie steht hinter ihr.

Sie nimmt das als weitere Bestätigung an.

Nun beginnen bewegte Monate für Johanna, noch im Herbst 2010 wird sie ausreisen. Es sind Monate, die von einigen Unklarheiten begleitet sind, vor allen von einer: Sie weiß noch nicht, welche Mitarbeiterin mit ihr nach Malawi gehen wird. Dennoch geht sie auf das Ziel zu.

... aber Gott gedachte es gut zu machen ...

„...es ist so schön, dass Gott alle Dinge, auch die für uns schlechten, für etwas Gutes gebrauchen kann, wenn wir ihn an das Steuerrad lassen."

Diese Worte stammen aus Anitas Feder und befinden sich in einem ihrer Tagebücher.

Im Jahr 2010 tritt Willi Daiker, der damalige Missionsleiter von TO ALL Nations, an das Rednerpult der Immanuel-Gemeinde in Wolfsburg. Er gedenkt nochmals der beiden jungen Frauen, dann greift er das Geschehen in Mdeka auf und informiert über die Fortschritte des Projekts.

Er weiß nichts von Anitas Tagebucheintrag, als er den Bibeltext für seine Ansprache auswählt. Er liest Worte aus 2. Mose 50, diese sind durchaus sinngleich mit Anitas Aussagen: „...ihr gedachtet es böse mit mir zu machen, aber Gott gedachte es gut zu machen, dass er täte, wie es jetzt ist..." 1. Mose 50,20

Es ist ein Satz aus der Geschichte Josefs, der von seinen eigenen Brüdern nach Ägypten verkauft und von seinem Vater für tot geglaubt wurde. Die Visionen, die Gott ihm einst gegeben hatte, schienen plötzlich unerfüllbar zu sein. – So könnte man glauben. Nachdem er verkauft war, wird er in Ägypten verleumdet, sitzt unschuldig im Gefängnis, sein Leben ist eine ständige Achterbahnfahrt. Aber dann, mitten in der Hungersnot, erfüllt sich die Vision. Er ist Verwalter Pharaos, ein bedeutender Mann und jetzt führt Gott ihn mit seinen Brüdern zusammen und er wird ihr Retter in der Not und sie verehren ihn.

Es ist eine andere Geschichte und dennoch ist da mindestens eine Ähnlichkeit: Anitas Leben wurde ausgelöscht, aber die Vision, die Gott ihr aufs Herz gelegt hatte, die wird Wirklichkeit. Welche Motive die Täter auch trieben und welches Ziel sie verfolgten, Gott kommt zum Ziel, sein Plan siegt. Durch ihren und Ritas Tod wurden die Eltern und Freunde aus der Gemeinde mobilisiert. Menschen meinten es böse und löschten ihr Leben aus, aber Gott lässt etwas Gutes dadurch entstehen.

Ob sie so weit dachte, als sie den kurzen Satz in ihr Tagebuch schrieb? Nein, sicher nicht, aber Gottes Gedanken sind höher als unsere Gedanken.

Gesendet

Es ist ein großer Tag in der Immanuel-Gemeinde in Wolfsburg und auch für Rita und Viktor Grünwald. Heute kommen sie ihrem Ziel einen bedeutenden Schritt näher, es werden nämlich drei Mitarbeiter nach Mdeka ausgesandt. Ritas Blicke wandern zu den drei jungen Menschen und dann zu deren Eltern. Wie mögen sie sich fühlen? Sie erinnert sich an ihre Empfindungen, als Anita zu ihren Missionseinsätzen ausgereist ist. Sie hatte sich immer gefreut, dass ihre Tochter Gott dienen wollte. Rita wusste aber auch um den Kampf des Loslassens. In Gedanken schickt sie ein stilles Gebet für die Angehörigen zu Gott.

Dann bleibt ihr Blick auf Anika haften. Diese junge Frau hat es sich nicht leicht gemacht. Den ganzen Sommer über zögerte sie, betete und suchte einen Weg für ihre Zukunft. Nun berichtet sie: „Alle Türen, die in andere Richtungen gingen, schlossen sich. Dann kam eine Überraschung: Meine Heimatgemeinde teilte mir mit, mich zu unterstützen. Freunde stellten sich hinter mich und stärkten mich. Frieden breitete sich in mir aus. Heute weiß ich, dass mein Platz in Mdeka ist."

Neben Anika sitzt Johanna. ‚Die beiden geben ein gutes Team ab', ging es Rita durch den Kopf. Dann war da noch Anatol, ein Absolvent des Bibelseminar Bonn. „Endlich bekommt Thomas männliche Verstärkung", flüstert Viktor und Rita nickt lächelnd.

Im Gebet sendet die Gemeinde die jungen Mitarbeiter aus. Sie erbitten Segen und Schutz für die drei, geben aber auch das Versprechen, das Projekt in Mdeka mit Gebet, Gaben und in tätiger Hilfe zu unterstützen. Schon zur Einweihung würde eine Delegation kommen und Rita Grünwald und Maria Stumpp werden dabei sein.

Für die drei jungen Menschen ist es ein mutiger Schritt. Jeder von ihnen hätte in Deutschland berufliche Chancen und damit ein sicheres Einkommen haben können. Sie tauschen Sicherheit und Bequemlichkeit mit einer einfachen Unterkunft, unregelmäßigen Arbeitszeiten, vielen unbezahlten Überstunden und einem Niedriglohn ein. Sie lassen sich senden, weil sie sich berufen wissen.

Kapitel 6

Die Vision lebt

Alleine in Malawi

Am 21. November 2010 ist es für Rita Grünwald endlich soweit. Das Flugzeug landet auf dem kleinen Flughafen von Lilongwe. Sie ist in Malawi!

Ihr Herz zieht sich zusammen und fühlt sich wie eingeschnürt an. Am liebsten würde sie wieder zurück fliegen. Als Anita damals im Kinderdorf in Ntcheu gearbeitet hat, sagte sie immer wieder: „Mama, komm mich besuchen. Du musst das alles mit eigenen Augen sehen." Nun war sie in Malawi, aber Anita war nicht mehr da.

Als sie mit den anderen Mitreisenden aus dem Flugzeug und die Stufen hinunter steigt, sieht sie auf der Terrasse die Missionare winken. Ihr Schmerz ist unendlich groß, wie gerne hätte sie Anita da oben gesehen. Tränen laufen ihr über die Wangen, in der Kehle bildet sich ein fester Kloß. Sie kann nicht hier sein, nicht hier in Malawi, wo eigentlich Anita sein sollte. Nun hatte sie aber den ersten Schritt getan, sie ist nach Malawi gereist, nun muss sie weiter gehen und den Spuren ihrer Tochter folgen.

Rita fährt mit der gesamten Gruppe nach Ntcheu. Sie wollen den Kinderdorfbetrieb erst einmal kennenlernen und dann nach Mdeka fahren.

Wie eine Träumende geht sie am Tag nach der Ankunft über das Gelände. Sie erkennt die kleinen Häuser sofort. Als sie in das frühere Wohnhaus von Arngolds geht, erinnert sie sich an den Überfall, den auch Anita miterlebt hat. Sie sitzt bei Familie Wiebe und sieht deren kleines, dunkelhäutiges Mädchen, das Kind, über das Anita die Lampe aus dem Hühnerstall gehalten hat.

Bei einem Geländerundgang schauen sie plötzlich Kinder neugierig an. Es sind schon große Kinder. Sie nehmen Ritas Hand und erzählen ihr in gebrochenem Englisch, dass sie Anita kannten. Tränen sind in den dunklen Augen zu sehen. Diese Kinder trauern mit ihr um ihre Tochter.

Die ersten fünf Tage in Malawi kann sie sich nicht freuen da zu sein, der Schmerz und die Sehnsucht überrollen sie immer wieder. Sie ist inmitten einer netten Gruppe und doch allein. Allein, weil der Mensch, den sie sich so sehr herbeisehnt, nicht da sein kann.

Dennoch ist diese Zeit für sie enorm wichtig. Die Bilder, die sie im Laptop ihres Mädchens so oft angeschaut hat, werden lebendig, dadurch ist sie Anita sehr nahe. In all dem Schmerz spürt sie auch Veränderung. Die ersten fünf Tage sind eine Zeit der Verarbeitung für die Mutter und werden zu einem wichtigen Meilenstein ihrer inneren Heilung.

Mit jedem Tag wird sie mehr bereit, das große Ereignis mitzuerleben, die Einweihung des neuen Kinderdorfes.

Bevor Rita nach Malawi kam, hat sie im Internet Tag für Tag den Bau des Projektes mitverfolgt. Nun ist sie nur noch wenige Tage davon entfernt, all das zu sehen. In ihr wächst mehr und mehr der Gedanke, dass Anita und auch Rita darüber begeistert wären, dass die Wolfsburger aus Liebe zu Jesus MALO A MCHERZO 5 gründen.

Als eine Woche um war, kam Maria Stumpp nachgereist, sie wollen gemeinsam dabei sein, wenn die ersten Kinder aufgenommen werden.

Mdeka

Am 28.11.2010 machen sie sich in aller Frühe auf den Weg von Nchteu nach Mdeka. Rita ist voll innerer Spannung, allerdings einer anderen, als der, die sie die ersten Tage in Malawi gefühlt hat. Nun ist sie gespannt auf das, was sie sehen wird. Sie hat täglich gelesen und gesucht, wie es in Mdeka geht, was sich tut. Es wird kaum jemand geben, der Thomas Block so gut kennt wie sie. Jeden Bericht, jedes Bild hat sie förmlich aufgesaugt. Nun trennen sie nur noch wenige Kilometer holprige Straße von Anitas Vision, die heute Wirklichkeit wird.

Neben Rita sitzt Maria Stumpp. Sie ist ja erst angekommen und lässt das fremde Land auf sich wirken. Auf dem Weg zur Einweihung nach Mdeka kommt ihr immer wieder die Frage: ‚Was mache ich hier? Was hat das alles mit meiner Tochter Rita zu tun?' Während der Minibus über die staubige Straße stolpert, findet sie auf diese Fragen noch keine Antwort. Zu Hause, da war ihr das klarer, aber hier ist alles so fremd. Rita Grünwald entdeckt in so vielen Kindern und Orten die Spuren ihrer Tochter, Maria entdeckt keine Spur von ihrem Mädchen.

In Rita Grünwalds Körper ist plötzlich jeder Muskel angespannt. Aufrecht sitzt sie in ihrem Sitz, den Blick nach vorne auf ein flach gelegenes Land gerichtet. Sie hat es sofort erkannt: Mdeka, MALO A MCHEREZO 5! Sie sind angekommen!

Auf den ersten Bildern waren viele Bäume und Sträucher zu sehen, nun ist das Gelände geebnet und von einem Zaun umgeben.

Anika, Johanna und Thomas kommen ihnen zur Begrüßung entgegen. Nachdem sie die beiden Mitarbeiterinnen begrüßt hat, wischt sie mal wieder verstohlen eine Träne aus dem Augenwinkel, eine Träne der Rührung, dann geht sie auf Thomas zu. Als sie ihn in den Arm nimmt, gesteht sie: „Mir ist, als wäre ich schon mal hier gewesen."

Nach einer kleinen Erfrischung gehen sie über das Gelände. Das Küchengebäude mit einem Essraum, der auch als Aufenthaltsraum genutzt werden kann, ist fertig. Sie gehen zu dem Brunnen, der Anita und Rita gewidmet ist. Miteinander schreiten sie das schöne Anwesen ab. Das Projekt ist noch lange nicht fertig. Es wird Monate, Jahre dauern, bis es sich in der geplanten Form präsentieren kann. Dennoch ist es höchst erstaunlich, was in der kurzen Zeit geschehen ist.

Bewundernd schaut sie zu Thomas auf, der mit den Spenden, die zu Anitas und Ritas Begräbnis eingingen, und mit Hilfe der Wolfsburger Gemeinde und freiwilligen Helfern aus Deutschland Enormes geleistet hat. Etwa 200.000 Ziegel, 180 t Fundament, 350 t Sand, 12 t Zement, Eisen, Holz und viele Werkzeuge waren nötig, um das Projekt so weit zu bringen, wie es jetzt ist. Zeitweise hat er bis zu 34 einheimische Mitarbeiter beschäftigt. Der junge Mann, der sich hat rufen lassen, erhielt von Gott alle Fähigkeiten und die Kräfte, die zu diesem Einsatz nötig waren.

Es wird Zeit, dass sie ihren Rundgang beenden, denn auf dem Gelände wird es zunehmend lebhafter. Deutsche Missionare, Menschen aus dem Dorf, Kinder und Erwachsene, Pastoren aus verschiedenen Orten, Stammesälteste, alle kommen nach und nach und strömen in das große, weiße Zelt, das für diesen besonderen Tag aufgebaut ist.

Die deutschen Gäste schauen auf ihre Uhr, der Festgottesdienst sollte endlich beginnen. In Afrika ticken die Uhren allerdings etwas anders. Rita und Maria, die beiden Mütter, nehmen in der ersten Reihe Platz. Es wird gesungen, also beginnt die Veranstaltung. Menschen klatschen, bewegen sich hin und her, es herrscht afrikanische Stimmung.

Johanna erhebt sich zu Beginn des Gottesdienstes und richtet folgende Worte an die Anwesenden: „Heute ist ein ganz besonderer Tag für uns, wir eröffnen das 5. Malo A Mcherezo-Kinderdorf. Malo A Mcherezo heißt Ort der Geborgenheit. Der Auslöser dafür ist ein sehr trauriger. Es ist der Mord an zwei junge Frauen, die bereit waren, ihr Leben aus Nächstenliebe einzusetzen. Ihre Namen sind Anita Grünwald und Rita Stumpp, ihre Mütter sind heute bei uns. Herzlichen Dank, dass ihr gekommen seid."

Nach diesen Worten ist die Stimmung ernst, dennoch verstummen die frohen, lebendigen Lieder nicht. Die Menschen sind froh, dass der Tod dieser beiden Frauen etwas Positives, Hilfreiches ausgelöst hat.

Rita und Maria schauen auf eine kleine Gruppe, die auf einer ausgerollten Matte sitzt. Johanna neigt sich zu den beiden Müttern und flüstert: „Das sind unsere ersten 15 Kinder." Fünfzehn! Zehn waren geplant, nun ist man in der Lage, fünf Kinder mehr aufzunehmen. ‚Fünfzehn Schätze', würde Anita sagen.

Die Augen der beiden Mütter heften sich an diese kleine Gruppe. Schüchtern, beinahe ängstlich sitzen sie da. Sie sehen traurig, teilweise unterernährt und manche richtig krank aus. Bei diesem Anblick weiß Maria Stumpp: ‚Die Aufnahme dieser Kinder hätte meine Rita gewollt, das ist ganz in ihrem Sinn.'

Nach verschiedenen Ansprachen und einer Predigt werden die Kinder namentlich nach vorne gerufen und erhalten eine Urkunde. Eines nach dem andern kommt und nimmt das Papier in Empfang. Die kleinen dunklen Gesichter sind ernst und die Augen strahlen nicht, sie wissen nicht, wie ihnen geschieht. Alles ist ihnen fremd. Alex Steinbach, ein Mitarbeiter der Mission, erhebt sich und spricht ein Segensgebet für die 15 Schätze.

Nach dem Gottesdienst gibt es Essen und viele Begegnungen, so geht der Sonntag langsam zu Ende. Rita und Maria gehen mit Johanna und Anika nach Hause, bei den beiden werden sie die restliche Zeit ihres Aufenthaltes sein, um im Kinderdorf mitzuhelfen und auch um mitzuerleben, wie sich die Kinder einleben.

Der Tag danach

Nach der Einweihungsfeier haben alle Kinder das Gelände wieder verlassen. Es geht gar nicht anders. Da es noch kein Kinderhaus mit Schlafplätzen gibt, gehen alle wieder zu ihren Verwandten. Das Team wohnt ebenfalls einige Kilometer entfernt.

Voll Spannung fahren die Mitarbeiter am nächsten Tag wieder nach Mdeka. Rita und Maria begleiten sie, auch sie fragen sich ungeduldig: ‚Kommen sie? Kommen alle? Haben die Kinder gestern verstanden, was ihre Urkunde bedeutet?' Sie wissen es genauso wenig wie das Mitarbeiterteam.

Tadala, die einheimische Mitarbeiterin, und auch die Köchin sind da, es könnte also losgehen, nur wo sind die Kinder?

Nach einiger Zeit kommt das erste – alle freuen sich. Dann kommt noch eines und einige Zeit später noch eines, so geht es weiter und siehe da, am Nachmittag sind dann endlich alle da. Sie haben also verstanden, dass sie nun jeden Tag kommen dürfen und im Kinderdorf versorgt werden.

Die Mitarbeiter geben ihnen Essen, spielen, machen Hausaufgaben mit den Kindern, vor allem aber versuchen sie ihr Vertrauen zu gewinnen. Sie zeigen ihnen, dass sie geliebt und angenommen sind.

Anika hat von Anfang an den Gesundheitszustand der Kinder im Auge. Isabell fällt ihr besonders auf. „Kannst du dir dieses Mädchen auch mal anschauen?", bittet sie Maria Stumpp, die ja auch Kinderkrankenschwester ist. Maria lässt sich von Anika das Bein und dann den Kopf des Kindes zeigen. Besorgt schauen sie einander an. „Wo hat sie nur diese schrecklichen Wunden her?", fragt Maria ihre Kollegin Anika. Diese hebt nur die Schultern und stöhnt: „Keine Ahnung. Infektion?"

Während ihres restlichen Aufenthaltes versorgt Maria jeden Tag die Wunden des Mädchens. Immer, wenn sie in die Augen dieses schüchternen, verängstigten Kindes und auf seinen kleinen geschundenen Körper schaut, ist sie froh, dass es den Ort der Geborgenheit gibt.

Aus Mavuto wird Yankho

„Das dort ist Yankho", sagt Thomas und zeigt auf einen etwa acht Jahre alten Jungen, dabei ist in Thomas Augen ein Leuchten festzustellen. Rita und Maria spüren, dass Yankho etwas Besonderes für den jungen Bauleiter ist.

Dann beginnt er zu erzählen, dass Yankho ursprünglich Mavuto geheißen hat. Die beiden Frauen schauen ihn verwundert an, als wollten sie fragen: ‚Ändert ihr die Namen der Kinder?'

Da erzählt Thomas die ganze Geschichte:

„Seine Mutter war körperlich behindert. Irgendwann hat sie sich dann auf einen Mann eingelassen, der sie aber nicht heiraten, sondern nur benutzen wollte. Aus dieser unglücklichen Beziehung entstand der Junge. Die Verwandtschaft empfand die behinderte Mutter, die Beziehung und das Kind als ein Problem und deshalb bekam er den Namen Mavuto, in der Chichewa-Sprache heißt das Problem.

Für uns als Team stand fest, dass wir ihn nicht mit diesem Namen aufwachsen lassen wollen. Der Pastor, der mit uns in den Dörfern unterwegs war, fragte mich: „Wie soll er denn dann heißen?" Ich hatte die Antwort ziemlich schnell. „Lösung soll er heißen. Das Kinderdorf soll eine Lösung in sein Problem bringen, deshalb soll er so heißen." Der Pastor nickte eifrig und sagte: „Yankho! Yankho heißt Lösung." Bei der Aufnahme ins Kinderdorf bekam er diesen Namen, hier soll er die Lösung auf die Probleme finden."
Die beiden Frauen sind von dieser eindrücklichen Geschichte berührt. Als sie dann in die Runde und in die Gesichter der 15 Kinder schauen, ist ihnen klar, dass hier lauter klei-

ne Mavutos sitzen, die nun Yankhos geworden sind. Denn Probleme haben die Waisenkinder alle, aber der Ort der Geborgenheit kann eine Lösung für sie sein.

Kleine Seesterne

Wieder führt sie der Weg über holprige, staubige Straßen, vorbei an armseligen kleinen Hütten, spielenden Kindern und viel Schmutz und Elend. Die Kinder winken. Sobald das Auto langsamer wird oder gar kurz anhält, kommen sie angelaufen und schauen neugierig in den Wagen. Kein Wunder, die Asungus, die Weißen, sind sehr interessant für sie. Natürlich hoffen sie ein Bonbon oder irgendetwas zu erhaschen.

Rita und Maria würden am liebsten allen Kindern etwas geben. Eigentlich würden sie am liebsten alle waschen, frisch einkleiden und ihnen eine ordentliche Mahlzeit servieren. Es ist aber unmöglich, all diesen Menschen zu helfen, ihre Mittel würden niemals ausreichen. Es bleibt das Gefühl der Hilflosigkeit, das Gefühl, den Bedürftigen etwas schuldig zu bleiben.

Der Dorfälteste, der mit ihnen unterwegs ist, bringt sie zu der armseligsten Hütte, die sie in diesem Dorf gesehen haben. Als sie die Hütte betreten, denkt Rita: ‚Das ist ein Loch, aber keine Wohnung.' Was sie aber noch mehr berührt als die Behausung, das ist der kleine Junge, der in einer dunklen Ecke sitzt. Er ist noch keine 4 Jahre alt. Seine Kleider sind schmutzig und zerrissen. Der Blick des Kindes macht Rita und Maria aber am meisten traurig. Die großen Augen sind leer, da ist kein Leuchten, keine Freude, auch die Neugier, die Kindern zueigen ist, fehlt. Blessings sitzt teilnahmslos da.

Anika und Johanna lassen sich die Geschichte dieses Kindes erzählen. Sie wollen helfen, haben aber ein Problem:

Blessings hat das Eintrittsalter für das Kinderdorf noch nicht erreicht.

Sie befinden sich im Zwiespalt. Nehmen sie ihn auf, wird sich das bald herumsprechen, und werden ihre Aufnahmebedingungen dann noch ernst genommen? Sie überlegen, beraten und dann siegt ihr Herz. Blessings wird aufgenommen!

Das Bild der menschenunwürdigen Hütte und des kleinen, traurigen Jungen prägt sich tief in Ritas Herz. Ihm können sie ein wenig mehr behütete Kindheit schenken, aber was ist mit den vielen anderen Kindern, die im Sumpf der Armut leben?

Anika sagt: „Überall gibt es Not. Wir haben das Ziel, den Bedürftigsten unter den Bedürftigen zu sehen. Deshalb sind wir Tag für Tag über staubige und holprige Straßen gefahren, um die Kinder zu besuchen und ein wenig über ihr Leben zu erfahren. Dorfälteste und einheimische Mitarbeiter anderer Kinderdörfer haben uns begleitet und uns geholfen, die Kultur zu beachten und die Situation einzuschätzen. Unter Gebet und nach einiger Beratung fiel dann die Entscheidung. Bei jedem NEIN tat uns das Herz weh."

Malawi ist eines der zehn ärmsten Länder der Welt.

Die Gesamtbevölkerung liegt bei ca. 13.000.000 Einwohnern, die Lebenserwartung der Menschen beträgt etwa 40 Jahre, 46% der Bevölkerung sind Kinder im Alter von 0-14 Jahren, etwa 35% aller Kinder zwischen 5 und 14 Jahren müssen arbeiten,
es gibt ca. 2.000.000 Waisenkinder, viele davon sind bereits mit Aids infiziert.

Was sind die wenigen Kinder in MALO A MCHEREZO gegenüber diesen Zahlen?

Rita Grünwald erinnert sich an das Lieblingsgedicht ihrer Tochter:

Der Seestern

Als der alte Mann bei Sonnenuntergang den Strand entlang ging,
sah er vor sich einen jungen Mann, der Seesterne aufhob und ins Meer warf.
Nachdem er ihn schließlich eingeholt hatte,
fragte er ihn, warum er das denn tue.
Die Antwort war, dass die gestrandeten Seesterne sterben würden,
wenn sie bis Sonnenaufgang hier liegen blieben.
„Aber der Strand ist viele, viele Kilometer lang und tausende von Seesternen liegen hier", erwiderte der Alte,
„was macht es also für einen Unterschied, wenn du dich abmühst?"
Der junge Mann blickte auf den Seestern in seiner Hand und warf ihn in die rettenden Wellen. Dann meinte er:
„Für diesen hier macht es einen Unterschied."
(Verfasser unbekannt)

Für Isabell, Yankho, Blessings und die anderen Kinder, die aufgenommen wurden, macht der Ort der Geborgenheit einen Unterschied.

Auf Wiedersehn

Wieder ist Rita am Flughafen in Lilongwe. Bevor sie das Flugzeug der Äthiopien-Airlines, das sie wieder nach Deutschland bringen soll, besteigt, schaut sie noch einmal hinüber zu den winkenden Mitarbeitern des Kinderdorfes. Sie fühlt sich mit ihnen verbunden, sie gehören zusammen, sie sind ein Team. In Deutschland wird sie alles in ihrer Macht stehende tun, damit das angefangene Werk in Mdeka weitergeführt werden kann. Nein, nicht nur weitergeführt, es soll ausgebaut werden, wachsen und vielen kleinen „Seesternen" Lebensraum geben.

Als das Flugzeug abhebt und sie davonträgt, sind zwiespältige Gefühle in ihrer Brust: Freude auf zu Hause, auf Viktor und die beiden Kinder. Wehmut, weil sie auch gerne bleiben und helfen würde.

Plötzlich wird ihr klar, dass sie nun eine Gemeinsamkeit mit Anita hat: Ein warmes Herz für Afrika. Am liebsten würde sie es laut rufen: „Auf Wiedersehen, Malawi, ich komme wieder!"

Kapitel 7

Veränderungen

Der Malawivirus

Jenna sitzt in ihrem Zimmer und bereitet eine Lektion über die Schöpfungsgeschichte vor. Natürlich benutzt sie dazu die englische Bibel, denn diese Lektion wird sie in einfachstem Englisch halten und zwar bei den Kindern in Mdeka.

Sie ist gespannt auf die Reise, die sie in Kürze mit ihrer Mutter und 14 anderen Personen aus der Gemeinde antreten wird.

Während sie da sitzt und über der Lektion „brütet", hört sie die Stimmen ihrer Eltern. Was machen sie? Papa redet, Mama lacht, eine eigenartige Konversation haben die beiden. Doch dann ist ihr klar, was da vor sich geht: Sie skypen wieder mit Malawi. Da macht ihr Vater immer seine Scherze mit den Mitarbeitern in Mdeka. Wenn er sie alle zum Lachen gebracht und mit Thomas die neuesten Bauvorhaben besprochen hat, dann wird ihre Mutter übernehmen.

Jenna weiß, dass sie sich jetzt mit der Lektion Zeit lassen kann. Bis ihre Mutter wieder ansprechbar ist, wird einige Zeit vergehen. Sie kennt das schon, wenn Mama mit den Mädels spricht, wie sie Anika und Johanna inzwischen schon nennt, dann kann das dauern.

Ja, es gehört inzwischen zu Grünwalds Wochenablauf, dass sie regelmäßig mit Mdeka per Skype sprechen. So sind sie immer gut informiert. Rita ist es wichtig, die Anliegen des Kinderdorfes genau zu kennen, da sie einen Malawi-Gebetskreis leitet. Die Informationen der Mitarbeiter werden in diesem Kreis vor Gott gebracht. Auf diese Weise nehmen sie am Geschehen ihres Kinderdorfes teil.

Jetzt, so kurz vor einer Reise, gibt es auch viel zu besprechen. Bei der bevorstehenden Reise wird ihre Rolle eine andere sein als bei der letzten. Sie ist mit verantwortlich. Mit Gena, einem jungen Mann aus der Gemeinde, der schon öfters in Malawi war, trifft sie sich regelmäßig mit der Gruppe. Sie bereiten die jungen Leute auf die Reise und auf Kultur, Leben und Einsatz in Malawi vor.

In Anitas Zimmer stapeln sich Geschenke, Medikamente, Verbandsmaterial und alle möglichen Dinge, die natürlich alle mit nach Mdeka müssen.

Ja, Malawi ,sitzt' bei Grünwalds in jeder Ecke und vor allem in den Köpfen. Jenna wird mitkommen, Steve plant auch die nächste Reise und seine zukünftige Frau ist bereits dort und das gleich für einige Monate. Eine Bekannte sagt: „Der Malawivirus hat euch alle voll erwischt!"

Nur Viktor bleibt in diesem Jahr zu Hause, einer muss ja das Geld für die Flüge verdienen. Das ist aber nicht der einzige Grund. Er baut mal wieder. Ein kleineres Haus, ein Doppelhaus mit Verwandten zusammen. „Wenn wir dann öfters nach Malawi fliegen, kann die verwandte Nachbarschaft nach dem Haus sehen", erklärt er. Es ist klar, auch er ist vom Malawivirus infiziert.

Was scherzhaft Malawivirus genannt wird, ist das neue Ziel, die neue Vision, die ihr Leben verändert hat. Weil sie zugelassen haben, dass diese Idee ihr Denken und Handeln einnimmt, lässt Gott sie zum Segen für das Team und die Kinder in Mdeka und zur Motivation für junge Leute in Wolfsburg werden.

...ein bisschen wie nach Hause kommen

Bei ihrem ersten Besuch in Malawi brauchte sie fünf Tage, um mit der Sehnsucht nach ihrer Tochter fertig zu werden. Es fühlte sich falsch an, ohne Anita in Malawi zu sein. Nun war sie wieder da. Natürlich wäre sie immer noch gerne mit Anita zusammen hier, aber der Schmerz ist anders, weniger aggressiv, die Sehnsucht zerreißt sie nicht mehr. Sie ging während ihrer ersten Reise durch den Schmerz hindurch und erfuhr ein Stück Heilung, die sie noch freier für den Dienst der Nächstenliebe macht. Sie freut sich, wieder da zu sein.

Mit der Gruppe geht sie über das Gelände in Mdeka. Die Kinder, die erst wenige Monate zuvor aufgenommen wurden und so schüchtern und zögerlich kamen, spielen nun fröhlich miteinander. Einige erkennen Rita und winken ihr zu. Sie kann alle Kinder mit Namen ansprechen. „Jenna, das ist Blessings, ist er nicht süß?", stellt sie den kleinen Freund vor, den sie damals in der so armseligen Hütte besucht haben.

Bei dieser zweiten Reise fühlt sich Rita nicht mehr fremd. Sie sagt zu Johanna und Anika: „Es ist ein bisschen wie nach Hause kommen."

Nicht nur Rita, sondern auch Jenna fühlt sich wohl. Die schwarzen Kinder erobern ihr Herz im Sturm. Sie stellt fest: „Ich kann Anita jetzt verstehen. Nun weiß ich, warum sie so gerne in Malawi war."

Kinderlächeln

„Isabell, kommst du mal zu mir?", fragt Rita das Mädchen, das Maria Stumpp so sehr ins Herz geschlossen hat. Die Kleine, die vor einigen Monaten noch so schüchtern war, kommt zu ihr, sie lässt sich sogar auf den Schoß nehmen. Das ist mehr, als Rita erwartet hat. Vorsichtig streicht sie über ihre Beinchen und krault ihr krauses Haar. Unwillkürlich denkt sie: ‚Das muss ich Maria mitteilen, sie wird sich freuen, wenn sie hört, dass all die Wunden verheilt sind.`

Blessings sitzt auch im Raum. In seinem roten T-Shirt sieht er richtig hübsch aus. Seine Bäckchen sind ein wenig rund geworden. In den Händen hält er einen gelben Luftballon, den ihm jemand von den Wolfsburgern geschenkt hat. Seine Augen leuchten, so sehr freut er sich über das kleine Geschenk. Er knetet den kleinen Ballon mit seinen Händen, rollt ihn zusammen und wieder auseinander, zieht ihn in die Länge, dann holt er tief Luft und pustet sie in den Ballon. Ein kleines Bällchen entsteht und er lächelt. Rita kann es kaum glauben, dass dieses Spielkind der teilnahmslose Junge ist, den sie aus der armseligen Hütte holten.

Dann ist die Luft von einem besonderen Duft erfüllt. Essen! Schwatzend, lachend und hüpfend kommen sie herbei. Die einst schüchternen Kinder drängeln sich um das Essen. Jeder schaut, dass er möglichst schnell viel Nsima, Soße und Fleisch bekommt.

Nach dem Essen ist lernen und spielen angesagt. Dabei wird auch gemeckert und gestritten. Bei ihren Betreuern testen sie ab und zu die Grenzen aus, es sind eben ganz normale Kinder und sie benehmen sich, wie es Kinder zu

Hause in ihren Familien auch tun. Sie fühlen sich zu Hause. Sie sind angekommen im Ort der Geborgenheit.

Rita entdeckt auch auf dem Gelände so manche Veränderung, am meisten freut sie sich aber über die Fortschritte, die ‚ihre' Kinder gemacht haben.

Vor etwa einem Jahr war das Gelände noch wild bewachsen und in der Trockenzeit lag es kahl und leblos da. Nun herrscht Leben auf dem Gelände. Was hat sich Anita gewünscht? „Einen Ort, an dem Kinder Liebe, Zärtlichkeit und all das bekommen, was ihnen bisher niemand gab." Malo A Mcherezo 5 in Mdeka ist so ein Ort geworden. Wenn Rita die Kinder beobachtet und die Veränderungen wahrnimmt, dann empfindet sie wie einst Anita: Ihr Lächeln ist der schönste Dank!

Wirklichkeit

Kinderlärm! Laufen, spielen, lachen, vor allem lachen.
Das Strahlen in Gesichtern, die vorher von Einsamkeit,
Hunger und Angst leer und starr waren.

Ein paar kleine Häuser, in denen die Geborgenheit wohnt.
Räume, einfache Räume, in denen Heimatlose Schutz, Zu-
flucht und Ruhe finden.

Eine Feuerstelle, an der das einfache Essen gekocht wird.
Hände, die Wunden verbinden und Tränen trocknen.

Bäume, unter denen Kinder und junge Menschen in kleinen
Gruppen zusammen sitzen und Menschen bei sich haben,
die ihnen ihr Ohr schenken, das den Kummer und Zweifel
ihrer Herzen hört und ernst nimmt.

Platz zum Spielen und Toben, wo Kinder, die viel zu früh reif
wurden, wieder Kinder sein dürfen.

Ein Ort, an dem die Liebe Gottes, die das eigene Herz er-
füllt, an andere weiter gegeben wird.

Ein Ort, der aus Liebe zu Jesus entstanden ist.

Diese Vision wurde Wirklichkeit.

Menschen, die es böse meinten, konnten sie nicht auslö-
schen, weil Gott es gut meint.

In Mdeka wurde Anitas Traum Wirklichkeit.

Dennoch bleibt ein großes Stück Vision bestehen.

Anitas Eltern, Freunde der Gemeinde in Wolfsburg und Menschen, die durch ihren schockierenden Tod aufgerüttelt wurden, träumen weiter und packen weiter an.
Sie geben sich nicht mit 30 Kindern und ein paar Häusern zufrieden.
Aus Liebe zu Jesus soll das Kinderdorf wachsen und noch mehr Kinder sollen Heimat finden.

Das Lächeln soll kein Ende nehmen!

Anhang

Ein kleiner Streifzug
durch die kurzen Lebenswege
von Rita und Anita

Rita Stumpp

Die Powerfrau mit offenen Ohren und weitem Herzen

*31.März 1983 †12. Juni 2009

Stationen ihres Lebens

Rita ist am 31. März 1983 in Issyk/Kasachstan geboren.

Am 24.12.1985 kam die Familie Albert und Maria Stumpp mit den Kindern Robert und Rita nach Wolfsburg.

In Detmerode besuchte Rita den Kindergarten und anschließend von 1989 bis 1992 die Gottfried-Haerder Grundschule.

1992 zog die Familie nach Wettmershagen, wo Rita eine wunderbare Kindheit und Jugend mit sehr vielen Freunden erlebte. Ihre Schwester Kristin kam am 07.09.1991 zur Welt

Ihre schulische Laufbahn setzte sie 1993-1995 mit der Orientierungsstufe in Isenbüttel und 1995-1999 am Otto-Hahn- Gymnasium in Gifhorn fort.

Schon früh entdeckte sie ihr Talent im Turnsport. Von 1989 bis zum Schluss war sie aktiv beim VFL Wolfsburg.

1999-begann sie eine Lehre zur Sozialversicherungsfachangestellten bei der BKK in Wolfsburg. Da arbeitete sie bis zu ihrer Freistellung 2006.

Im Jahr 2005 absolvierte sie ein Praktikum in Kasachstan und reiste anschließend mit ihrem Bruder Robert zu ihrem Geburtsort.

Im Oktober 2006 ging sie zur Bibelschule Brake, um mehr über den Glauben zu erfahren.

Das letzte Bibelschulpraktikum führte sie in den Jemen. Dort trat sie völlig unerwartet und doch innerlich vorbereitet ihre letzte große Reise an.

Ihr Glaubensleben

Als Zehnjährige kam sie von einer Kinderfreizeit zurück und bekannte: Ich habe Jesus angenommen. Ganz kindlich streckte sie sich nach ihm aus.

Im Jugendalter verschoben sich ihre Prioritäten und ihr Glaubensleben wurde immer lockerer und oberflächlicher. Äußerlich war sie gut drauf, aber innerlich leer.

Durch Vorbild einiger Freunde aus der Immanuelgemeinde fand sie neu zu Gott und entschied sich ihm mit aller Konsequenz nachzufolgen. Im Jahr 2005 ließ sie sich taufen und wurde Mitglied der Gemeinde.

Ihr Taufspruch „Verlass dich auf den HERRN von ganzem Herzen und verlass dich nicht auf deinen Verstand" (Sprüche 3,5) wurde zu ihrem Lebensmotto.

In der Gemeinde zeigte sich ihr soziales Engagement, indem sie eine treue Mitarbeiterin im Bereich der Jungschararbeit wurde. Wer die kraftvolle, sportliche Frau kannte, der versteht, dass sie die Kinder begeistern konnte. Im Jahr 2005 war sie bei der alljährlichen Jungscharfreizeit der Gemeinde dabei. Der Freizeitleiter gab ihr eine Art Urkunde, die ihre Einsatzbereitschaft und ihren Charakter eindrücklich und lobend beschreibt.

Rita Stumpp

Spaß, gute Stimmung, lachen, lachen, lachen und – hatte ich schon: Lachen? ...das ist Rita. Wenn ich über das letzte Jahr nachdenke, kann ich nur staunen. Der Weg, den Gott mit dir gegangen ist, ist einfach toll. Es macht Spaß zu sehen, wie du dich entwickelt hast... es tat einfach gut Dich dabei zu haben. Durch deine einladende und freundliche Art kommst du bei den Menschen gut an, steckst sie mit deiner guten Stimmung an... Du hast eine unglaubliche Gabe im Umgang mit Teens... ob beim Basketball, im Pool oder im Beach – du warst mit dabei. Auch wenn es nicht immer leicht war du hattest einen guten Draht zu ihnen und hast auch unangenehme Situationen gemeistert. Du behältst einen kühlen Kopf und hast ein gutes Krisenmanagement. So warst du mir eine gute Stütze. Wenn ich das Gefühl hatte, dass etwas aus dem Ruder läuft, hast du mir Mut gemacht, hast mich daran erinnert Gott zu vertrauen. In der Freizeit hast du dein erstes Thema gehalten, was wohl deine besondere Herausforderung war... Es hat sich gelohnt. Die Kids haben viel mitgenommen und sie haben sich riesig gefreut, dass du mit warst und dass du 200% gegeben hast. Danke für deinen Einsatz, danke dass du dabei warst.

(Auszüge aus der Urkunde des Freizeitleiters)

Zitate von Rita:

„Ohne Jesus kannst du alles knicken."

„Zweifel habe ich keine aber Schiss."
(Eine Aussage zu ihrer Jemenreise)

„Sollte mir etwas zustoßen, so bin ich früher bei Jesus"
(Angesprochen auf die Gefahren in Jemen.)

„Das Leben ist kein Ponyhof"

Ihre Familie erinnert sich:

„Jesus hat ihr Leben verändert. Während der Bibelschulzeit ist sie sehr gewachsen. Wenn sie nach Hause kam hat sie mit mir über theologische Fragen diskutiert... Sie war keine Heilige. Rita hatte auch Schwachpunkte. Trotzdem folgte sie von ganzem Herzen Jesus nach..."

(Vater)

„Rita war nie nachtragend, sie konnte jedem vergeben. Wenn jemand Hilfe brauchte war sie da. Sie hätte nie jemand abgewiesen."

(Bruder Robert)

„Materielle Dinge spielten in ihrem Leben eine untergeordnete Rolle, Menschen und die Beziehung zu ihnen waren ihr wichtiger. Das merkte man an ihrem Auto. Es war ein sehr gutes Auto. Ein VW Golf V. Wahrscheinlich das beste unter den Studentenautos in Brake. Wenn sie nach Hause kam, sah das Auto nicht sehr gepflegt aus. Kaffeebecher und leere Hamburgerboxen waren darin zu finden. Mir war schnell klar, dass viele Bibelschüler damit herum fuhren. Immer wieder habe ich Rita angehalten, ein wenig darauf zu achten, wem sie den Wagen ausleiht. Sie lachte und meinte:

,Ohne mein Auto kommen die nirgends hin.' Dann ging sie zum Praktikum ins Ausland. Eigentlich wollte ich das Auto gerne hier haben. Als ich sie darauf ansprach, war es bereits verplant, es musste in Brake bleiben. Ohne ihr Auto kamen die anderen nicht weg. So war sie immer für andere da."

(Vater)

„Rita hat das Leben geliebt. Sie mochte gutes Essen und Cappuccino, sie tanzte leidenschaftlich gerne, ging gerne mit Freunden aus und machte viele Witze. Rita war ein offener, zugänglicher Mensch.

(Tante Rita)

„Sie kam immer lächelnd in mein Zimmer und hat mich gefragt wie es mir geht. Doch das war keine gewöhnliche, ‚Standart-Frage', sie hat sich jedes Mal Zeit genommen, mir zuzuhören. Wenn ich Probleme hatte, einen Rat brauchte oder wegen irgendetwas geweint habe, hat sie sich immer zu mir gesetzt. Wir hatten die besten Spaziergänge. Sie hat mir Tipps gegeben, mit mir geweint und hat vor allem bei allem hinter mir gestanden."

(Schwester Kristin)

„Unser Leben hat sich verändert. Es wird nie wieder so sein, wie vor dem 12. Juni 2009!
Diese große Lücke, die unsere liebe Tochter Rita hinterlassen hat, kann niemals geschlossen werden. Die Erinnerung an unser fröhliches, hilfsbereites, liebevolles Kind bleibt bis an das Ende unserer Tage. Wir lernen jeden Tag neu mit diesem großen Verlust zu leben, mit Hilfe und Begleitung unseres Herrn Jesus Christus. Er ist der, der den Müden neue Kraft, den Schwachen und Unvermögenden Stärke schenkt. Mit Gottes Kraft lässt sich der Tod eines Kindes leichter tragen. Mein Wunsch ist, dass Menschen, die ähnliches erlebten, durch das Buch neuen Lebensmut bekommen.
Ich danke allen, die für uns da sind.

Was ich oft feststelle: Mütter trauern anders als Väter. Ich bin meinem Mann sehr dankbar für seine unendliche Geduld mit mir, seine Liebe und seine Unterstützung."

(Mutter)

Anita Grünwald

Das strahlende Mädchen mit der Liebe für die Armen

*04.10. 1984   †12.06.2009

Anita wurde am 04.10.1984 in Wolfsburg geboren. Sie ist das erste der drei Kinder von Rita und Viktor Grünwald.

Ihre ersten Kinderjahre verbrachte Anita in Wolfsburg Detmerode, dort ist auch ihr Bruder Steve im Jahr 1987 geboren.

In Detmerode ging sie mit Begeisterung zum Kindergarten.

1991 ist die Familie nach Jelpke im Kreis Gifhorn gezogen.

Von 1991 bis 1995 besuchte sie die Grundschule Calberlah.

1993 kam Anitas Schwester Jenna zur Welt.
Von 1995-1997 besuchte sie die Orientierungsstufe in Isenbüttel.

1997 wechselte sie zum Otto Hahn Gymnasium in Gifhorn und schloss 2002 mit dem Fachabitur ab.

2002 trat sie die Ausbildung zur Kinderkrankenschwester im Wolfsburger Klinikum an und absolvierte 2005 mit Auszeichnung.

2004, noch während ihrer Ausbildung, fuhr sie zu einem 3 Wöchigen Einsatz in ein MALO A MCHHEREZO –Kinderdorf in Malawi.

Direkt nach der Ausbildung 2005, entschied sie sich trotz eines Arbeitsvertrages im Wolfsburger Klinikum für ein freiwilliges-soziales Jahr in Malawi und Mosambik.

2006 ging sie zusammen mit ihrer Cousine Rita zur Bibelschule Brake.

2008 machte sie im Rahmen der Bibelschulausbildung ein Praktikum in Malawi.

Ihr letztes Praktikum (2009) führte sie in das Krankenhaus nach Saada. Dort wurde ihr Leben auf dieser Welt ausgelöscht, ihre Vision lebt durch ihre Eltern und Freunde weiter.

Ihr Glaubensleben:

Als achtjähriges Mädchen besuchte sie ihre erste Kinderfreizeit und traf dort auch eine Entscheidung für Jesus Christus. Je älter sie wurde, umso konsequenter lebte sie ihren Glauben.

Im Teenager Alter überdenkt sie ihre Lebens- und Glaubenswerte und bekennt dann ihre Hingabe an Gott mit der Taufe. Von diesem Zeitpunkt an war eine Veränderung zu erkennen. Neue Interessen und eine große Liebe zu Gott und Menschen zogen in ihr Leben ein. Ihre Tagebücher bestätigen es. Diese Bücher enthalten viele „Briefe an Gott" – Gebete, die ihre Beziehung zu Gott und ihr Herzensanliegen deutliche machen.

Anitas Leitwort war über lange Zeit hinweg folgendes Bibelwort:

„Herr, zeige mir deinen Weg, ich will dir treu sein und tun,
was du sagst. Gib mir nur dies eine Verlangen: Dich zu eh-
ren und dir zu gehorchen!"

Ps. 86,11

Zitate von Anita

Aus dem Terminkalender/Tagebuch 2003:
Heute war der letzte Schultag vom 3. Block. Habe einen No-
tendurchschnitt von 1,3 ☺. Danke Vater! Mein Lehrer hat
uns das Video von Afrika (Sierra Leone) gezeigt, als er dort
Missionar/Krankenpfleger war. Ich bekomme immer mehr
Liebe zu diesen Menschen – Vater, zeige du mir deinen Weg
für mein Leben. Du kannst durch mich in schwachen Men-
schen viel bewirken. (28.03.03)

Mein Versprechen:
Ich will mich Ihm völlig übergeben.
Alles, was ich bin und habe,
was ich jemals sein werde,
was ich jemals besitzen werde, übergebe ich Dir Jesus,
absolut, bedingungslos und für immer.

(04.04.03)

„Heute war ein nicht so schöner Tag, habe viel gefaulenzt,
weil es mir nicht gut ging."

(02.05 03)

Mit Jenna meine Geburtstags- Kassette angehört, die ich
von ihr zum 18-Geburtstag bekommen habe. Haben viel zu-
sammen gelacht, bis uns die Tränen kamen.

(16.10.03)

Heute war ein super Gottesdienst. Wir hatten Besuch aus
Malawi: Gott, ich danke dir, dass ich überreich beschenkt
bin. Bitte gib mir die richtige Sichtweise und den Blick für

Menschen, denen es nicht gut geht und das Verlangen danach ihnen zu helfen!

(19.10.03)

„Habe mit Chrissi (Cousin) einen Tanz eingeübt! Hat viel Spaß gemacht".

(27.10.03)

Ihre Familie erinnert sich:

„Vor dem Heilig-Abend hat Anita mit Jenna zusammen unter dem Tannenbaum ein Schälchen mit Wasser und Kekse hingestellt. Das sollte für die Rentiere sein. Bevor Jenna morgens wach wurde, hat sie das Wasser ausgekippt und die Kekse weggetan. So glaubte Jenna an den Weihnachtsmann, der mit seinen Rentieren die Geschenke unter den Baum legte."

(Mutter)

„Mit mir verbrachte Anita sehr viel Zeit im Garten in Jelpke (1991-1995), wo wir unseren kleinen Bauernhof hatten. Ich, Steve, der Hund Schlappi, die Katze Ricki und sogar die Hühner Oskar, Alfred und Otto mussten sich Anitas Erziehungsmethoden unterordnen. Sie hatte das Sagen. Wir hatten viel Spaß zusammen."

(Steve)

„Zu Hause in der Küche hatten wir oft viel Spaß. Manchmal tanzten wir Salsa und lachten viel dabei."

(Jenna)

„Ich habe sie immer mal wieder gefragt, wie es mit Männern aussieht, ob sie noch keinen Freund hat. Wenn ich ein paar Wochen nicht gefragt habe, dann sagte sie: „Papa, was ist los, du fragst nicht mehr nach Männern." Dabei lachte sie."

(Vater)

„Wenn sie fragte, wie es einem geht, dann hat sie das richtig interessiert. Oft fragte sie am anderen Tag nochmals nach."

(Jenna)

„Anita hat immer gesehen, wenn es einem nicht gut ging. Sie hat oft versucht durch Karten oder SMS Mut zu machen."

(Steve)

„Anitas und Ritas früher und grausamer Tod löste eine unendlich große Trauer in mir und meiner ganzen Familie aus. Wir haben schon bald ihre Vision aufgegriffen und ein Kinderheim in Malawi gegründet. Dieses neue Ziel in meinem Leben, gab dem Tod der beiden keinen Sinn, aber meinem und unserem Leben eine neue Perspektive."

(Mutter)

Zur Erinnerung an Familie Hentschel

Bei Familie Grünwald ist mal wieder richtig viel los.
Die ganze Familie Stumpp ist da. Maria und Rita werkeln noch in der Küche herum. Dann ist es so weit, ein voll besetztes Auto parkt in ihrer Einfahrt. Zwei Erwachsene und sieben Kinder steigen aus.

Rita Grünwald und Maria Stumpp schauen die Kinder genau an. Dann haben sie die beiden Mädchen, nach denen sie

Ausschau hielten entdeckt. Es sind Lydia und Anna. In den Herzen der beiden Mütter steigen innerhalb von Sekunden die unterschiedlichsten Gefühle auf. Freude, Sehnsucht, Trauer, Staunen, Dankbarkeit alles mischt sich in einander.

Es sind Lydia und Anna Hentschel, die diese Gefühle bei Rita und Maria und natürlich auch bei den andern auslösen. Die beiden waren mit ihren Eltern und ihrem Bruder, mit Anita, Rita, und den beiden andern entführt worden. Ein Jahr später, im Mai 2010, wurden sie befreit und wohnen nun bei ihren Verwandten.

Wo sind ihre Eltern? – Niemand weiß es. Die beiden Mädchen und Simon, ihr kleiner Bruder, wurden kurz nach der Entführung von den Eltern getrennt. Ihr kleiner Bruder wurde während einer Krankheit auch von seinen Schwestern getrennt, auch von ihm fehlt jede Spur.

Sabine und Johannes Hentschel waren sechs Jahre im Jemen. Johannes arbeitete als technischer Mitarbeiter im

Krankenhaus in Saada. Während eines Aufenthaltes in seiner sächsischen Heimat fragte ihn jemand, ob er nicht mit seiner Familie zurück kommen wolle. Seine Antwort war: „Ich liebe das Land und die Leute. Kann ich Freunde, die in Not sind verlassen?" Sie dienten dem Land in dem sie von ihren Kindern getrennt und erbarmungslos verschleppt wurden.

Die beiden Mädchen sitzen an Grünwalds Kaffeetisch, da schaut Lydia auf die Fotos, die auf dem Kaminsims stehen. „Die beiden Mädchen kenne ich", stellt sie fest und schaut auf die Fotos von Rita und Anita. Mit dieser Aussage wecken sie Wärme und Traurigkeit in den Herzen der Angehörigen.

Dann gehen sie mit Steve, Jenna, Robert und Kristin zum Zirkus. Sie lachen und freuen sich. Die beiden Kinder, die so schweres erlebt haben verhalten sich wie andere Kinder auch. „Gott hat seine schützende Hand über sie gehalten", sagte Rita Grünwald und freut sich an der Fröhlichkeit der Kinder.

Albert Stumpp sagt mitfühlend: „Es ist schwer die Tochter verloren zu haben, aber nicht zu wissen, ob geliebte Menschen irgendwo gefangen gehalten werden oder tot sind, das ist noch schwerer. Familie Hentschel ist in Wolfsburg nicht vergessen. Die Angehörigen von Anita und Rita beten für sie und die Kinder.

Persönlicher Eindruck vom Buch

In einer sehr detaillierten und sensiblen Erzählweise nimmt die Autorin den Leser in das von Nächstenliebe geprägte Glaubensleben der jungen Frauen, Anita Grünwald und Rita Stumpp hinein.

Die persönliche Sichtweise der Mutter Anitas wurde gut aufgefangen. Die Schilderung der Ereignisse rund um die Ermordung der beiden Frauen im Jemen und der Weg hinaus aus der dunklen Trauer, hin zu einer leuchtenden Vision, wird den Leser dieses Buches tief berühren.

Johann Dockter,
Pastor der Immanuelgemeinde Wolfsburg.

MALO A MCHEREZO

MALOA A Mcherezo
Die Kinderdorf Projekte von
TO ALLL NATIONS
in Malawi

Malawi

Malawi ist mit seiner Größe von 118.484 km² eines der kleineren Länder im Südosten Afrikas. Auch zählt das sogenannte „warme Herz Afrikas" zu den zehn ärmsten Ländern der Welt laut dem „Human Development Index", der weltweit den Entwicklungsstand eines Landes angibt. Die extrem große AIDS - Rate, die nach optimistischen Schätzwerten weit über 50% der ca. 15,5 Millionen Einwohner liegt, ließ bisher über drei Millionen Kinder zu Vollwaisen werden. Die durchschnittliche Lebenserwartung liegt bei ca. 40 Jahren, der Altersdurchschnitt der Bevölkerung bei 15 Jahren! Etwa die Hälfte der Einwohner Malawis lebt von weniger als einem US-Dollar pro Tag.

MALO A MCHEREZO heißt in Chichewa „Ort der Geborgenheit" und ist der Name der vier bestehenden Kinderdörfer in Malawi. Hier haben bereits rund 450 Waisenkinder einen Ort der Geborgenheit gefunden, ein Zuhause, in dem sie sich sicher fühlen können, Liebe und Zuwendung erfahren und mit Lebensnotwendigem versorgt werden.

Im September 2002 wurde der Grundstein für das erste Kinderdorf in **Chiole** gelegt. Aus etwa 30 Dörfern der Um-

gebung kommen die ca.200 Kinder täglich in langen Fuß-
märschen nach Malo A Mcherezo. Für Kinder, die sehr klein,
krank oder in ihrer Verwandtschaft nicht sicher sind, wurden Wohnhäuser errichtet, in denen sie mit einer Hausmut-
ter und anderen Kindern wie in einer Familie leben können.
Auch wenn die meisten Kinder nicht in dem Kinderdorf
übernachten, bezeichnen sie dieses als ihr Zuhause.

Mdeka

Im Mai 2010 begannen die ersten Arbeiten auf dem Gelände des vünften Kinderdorfes in **Mdeka**. Einige Wochen
später wurde hier die notwendige Brunnenbohrung vorgenommen. Wenige Monate später, im November 2010,
konnte die Einweihung statt finden und die ersten Kinder
aufgenommen werden. Dieses Kinderdorf trägt den Beina-
men „Aus Liebe zu Jesus" und wurde in Gedenken an Anita
Grünwald und Rita Stumpp gegründet. Hier lebt Anitas Vision weiter.

Eine Küche mit Aufenthaltsraum, einige kleine Häuser und
ein Spielplatz das ist MALO A MCHEREZO 5 – Mdeka.

Dort fanden bisher ca. 30 Kinder ein Zuhause.
Zwei deutsche und einige einheimische Mitarbeiter arbeiten in diesem Dorf.

(Das ist der Stand bei Erscheinen des Buches.)

Die Vision ist größer. Im Laufe der Zeit soll dieses Projekt ausgebaut und 100 Kindern ein Zuhause bieten.

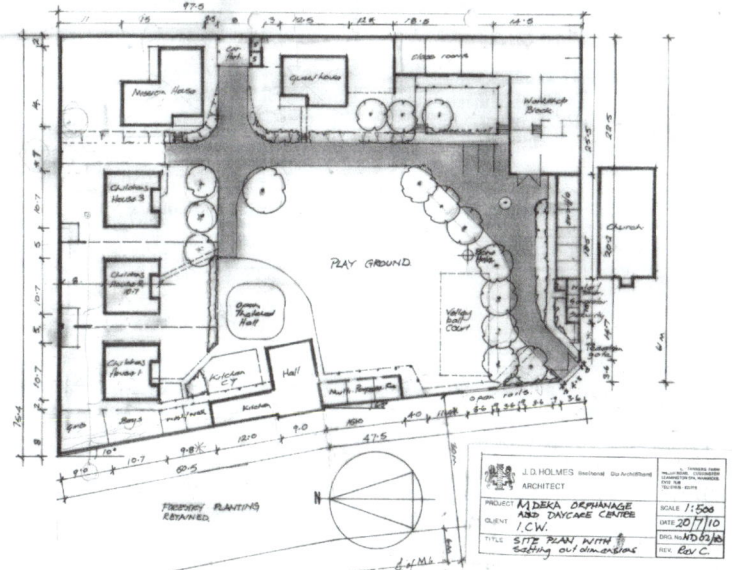

Mdeka ist ein gemeinsames Projekt der Immanuelgemeinde Wolfsburg und dem Missionswerk TO ALL NATIONS.

Nähere Informationen erhalten Sie bei:

TO ALL NATIONS
Ehrental 2-4
53332 Bornheim
www.to-all-nations.de

Dieses Buch kann helfen!

Von jedem verkauften Buch geht 1 Euro an das Kinderdorf in Mdeka.

Glitzersteine
Biblische Begebenheiten und Wahrheiten

Ursula Häbich

Ein Buch, das Gedankenanstöße gibt und biblische Wahrheiten in den Alltag transportiert. Ein Buch, das Frauen auf ihrem Weg mit Gott ermutigt. Ein Buch das nicht nur alleine, sondern auch in Kleingruppen gelesen werden kann.
138 Seiten, Paperback

ISBN: 9783869540757

Bestell-Nr.: 548075

Sophies ganz besondere Weihnachtszeit
Ursula Häbich

Die Adventszeit naht und in Sophies Kopf schlagen die Wünsche Purzelbäume. Sie schreibt eine Wunschliste! Für jeden Tag im Advent wünscht sie sich eine Überraschung. Ihren Eltern verschlägt es beim Lesen der Wünsche beinahe den Atem. Dann hat Sophies Mutter eine Idee mit der das Mädchen überhaupt nicht rechnet.
Für Kinder von 6 bis 10 Jahre. Durchgehend farbig illustriert.
114 Seiten, Paperback

ISBN: 9783869540436

Bestell-Nr.: 548043